公民科・地歴科・社会科の実践研究

21世紀日本の社会認識教育を考える

矢吹芳洋 編著

蔭山雅博教授　華甲紀念論文集

はしがき

　社会の構造が急激に変化している。この動向を示す言葉としてグローバル化、情報化社会、知識基盤社会、超少子高齢社会、産業構造の高度化・サービス化、雇用形態の多様化などが挙げられる。とりわけ1990年代後半から始まるグローバル化は、ヒト、モノ、カネ、情報、さらには文化や価値観の国境を越えた自由な移動をもたらすとともに、さまざまな問題を地球規模で展開させ、社会構造の変化に大きな影響を与えている。

　一例が国際金融問題である。グローバル化した金融機関が国家の枠を超えて活動し、世界経済に多大な影響を及ぼしている。1997年には、アメリカ合衆国のヘッジファンドによるアジア通貨のいわゆる「空売り」によってアジア通貨危機が起こり、東アジアや東南アジアの国々の経済は大きな打撃を受けた。また2008年には、アメリカ合衆国の投資銀行リーマン・ブラザーズが、住宅ローンの一種サブプライムローンに絡んで巨額の負債を抱えて破綻し、世界的な金融危機の引き金になった。

　一国の財政危機も世界経済に多大な影響を与える。2009年、ギリシア政府の財政赤字過少計上発覚による同国の財政危機は、加盟するEUの統一通貨ユーロの信頼を失墜させ、ユーロ安とEU経済の低迷、さらには世界同時不況をもたらした。

　世界経済の勢力図も大きく変化している。戦後の世界経済は、少数の先進国によって方向付けられてきた。その先進国も1970年代以降、経済成長は行き詰り、安定成長ないし低成長へと転換して恒常的な財政危機状況にある。これとは裏腹に、2000年代に入り新興経済5カ国（BRICS）が飛躍的な経済発展を遂げて発言力を増し、国際経済秩序づくりに影響を与えている。少数の先進諸国だけが果実を貪ることが許された時代から、限られたパイ（経済資源）を奪い合う大競争時代に突入したことを示す。その結果、多くの先進諸国は恒常的な財政危機に直面し、その対応策として新自由主義的な諸政策

が採られている。市場化、民営化、効率化、自由競争、規制緩和、自己責任などが強調される政策では、政府が諸問題に積極的に介入せず、問題解決を市場に委ねる。それに伴って、失業率が増大して貧富の差も拡大し、社会の階層化とその固定化が進んでいる。失業をきっかけに生活が不安定化し、住宅や医療のサービスを受けられず、家族関係や社会的関係も失われ、社会から排除され、最終的に人間の尊厳を失う状況、いわゆる社会的排除が問題となっている。

　地球環境問題もさらに深刻化している。世界規模での工業化の拡大や経済活動の活発化に伴い、汚染物質による水質・土壌汚染、温室効果ガスの大量排出による大気汚染、酸性雨、オゾン層の破壊、地球温暖化、海面上昇、凍土融解、森林大規模伐採による表土流失、砂漠化、生態系の破壊などの地球環境問題は拡大の一途をたどっている。

　このように、混迷を極める出来事がますます増加している。これらの問題は、従来の国民国家の枠組みでは解決が困難で、国際協力が欠かせず、そのための新しいシステムが模索されている。

　もちろん我が国も、これらの影響を免れることはできない。アジア通貨危機の影響は日本にも及び、金融危機の引き金となり、長銀や日債銀などの政府系銀行の国有化へとつながった。リーマン・ショックでは、消費の落ち込みと円買いによる超円高によって日本の輸出産業は大きなダメージを受け、就職内定者の採用を取り消す「内定切り」まで起こった。ギリシア財政危機は円買いによる超円高、経常収支の悪化、製造業の海外移転に拍車を掛け、産業の空洞化、非正規雇用の継続的増加をもたらしている。さらに景気低迷による税収の減少、超高齢社会の進展による支出増大、1,000兆円を超える財政赤字の中で、財源確保のため消費税増税を含めた税と社会保障の一体改革が進められている。

　加えて我が国には、3.11東日本大震災及び福島第一原子力発電所事故問題がある。未曾有の大震災は、多数の死者・行方不明者を出しただけでなく、原発事故によるヨウ素やセシウムなどの放射性物質の飛散が、地域の産業や農産・海産物、さらには生活全般に多大な影響を与えている。エネルギー政策の柱として、また地球温暖化対策の特効薬として推進されてきた原子力発

電も、次世代に大きな負の遺産を残すものとして、今後の取り扱いが注目される。

　これらの事柄が示すように、世界もそして日本社会も大きな危機に直面しているにもかかわらず、明確な指針が示せない政治への不信が募っている。そうした中、平等、正義、連帯、公共性が強調され、これを克服する試みとして熟議民主主義、市民討論会、さらにツイッターやフェイスブック等のソーシャルメディアを通した新しい社会運動や政治運動が現れている。これらの動きは、新たな民主主義の形として可能性を秘めているものの、まだ十分成熟していない。

　このような現在の社会状況を最も典型的に表す言葉はグローバリゼーションで、また将来を展望するキーワードとなるのは「持続可能な社会」である。さまざまな事象が地球規模で展開するグローバリゼーションは、あらゆる事柄を地球的視野で見ることを求める。そして「持続可能な社会」は、めざすべき新しい社会像として環境、経済、社会の3領域から持続可能性をとらえ、あらゆる活動が将来世代に犠牲を強いることなく、より良い社会を実現するか否かでその有用性が判断される。

　その社会の実現のためには、民主主義精神に立脚し、公共的な事柄に関心を持つ健全な批判的精神を備えた市民が欠かせない。そうした市民の育成をねらいとするのが、社会科、地理歴史科、公民科などの社会認識教育である。しっかりした歴史認識を持ち、現代社会の諸課題を地球的規模で捉え、持続可能な社会を構築していくことができる市民を育成する教育である。社会事象を地球的視野で捉え理解・認識する力、時間の流れの中で物事を捉え将来世代の幸福も見据えた解決策を探究する思考力、公共的な事柄に関心を持ち諸課題を公正・公平に判断する力、他者と議論・討論・コミュニケーションを取りながら解決策を模索しその過程や得た解決策を表現する力、これらの能力と健全な批判的精神を持つ市民の育成を図る社会認識教育の役割は、今後ますます重要性を増していくといえる。

　このような社会状況の変化に対応するために、学習指導要領が改訂され実施されている。グローバリゼーションとそれがもたらした知識基盤社会に適応するために求められる「生きる力」（社会を生き抜く力）を一層重視し、そ

のために必要な力として活用力や論理的思考力、コミュニケーション力を挙げ、さらにこれらの力をつけるために言語活動を重視する。そして新しい社会像として「持続可能な社会」を掲げ、このような社会の形成に参画できる人材の育成をめざす教育が始まっている。

　本書は、そうした人材を社会科、地理歴史科、公民科を通して育成しようとする一つの試みである。専修大学教育学会社会科研究会のメンバーによって執筆されている。専修大学教育学会は、専修大学を卒業し、小・中・高等学校、大学で教鞭を執る者で構成される。その部会である社会科研究会は小学校教員、中学校社会科、高等学校地理歴史科および公民科担当教員、そして専修大学教職課程担当者が中心となっている。日々の職務に追われる中、隔月のペースで研究会を持ち、日頃の実践や研究を発表し討論してきた。本書はその成果をまとめたものである。

　本書には、11本の授業実践や論文が納められている。執筆メンバーは、小学校・中学校・高等学校教員、博物館学芸員、そして大学の教科教育担当教員である。関連する教科・科目等は、中学校社会科の地理および公民的分野、高等学校地理歴史科日本史、高等学校公民科現代社会および政治・経済と広い。そして執筆テーマも多様である。したがって一貫性に欠けるように見える。しかしこれらはいずれも、社会状況の変化を見据え、その状況に対応しうる能力の育成を図るという視点で一貫している。変化の激しい社会を生き抜く力の育成、すなわち社会認識教育の新たな展開である。本書が教職をめざす学生や大学院生の刺激となり、またその力の育成に日々奮闘している先生方の一助となれば幸いである。

　本書はまた、専修大学の教職課程において地理歴史科教育を担当する商学部蔭山雅博教授の華甲記念も兼ねている。同教授は本学の教職養成に尽力され、卒業生を全国各地に教員として送り出してきた。その同窓生が中心となって運営しているのが社会科研究会であり、本書はそのメンバーによって執筆されたものである。当初、先生の還暦に合わせて出版する予定であった。しかし編著者の努力不足により、予定より大幅に遅れてしまった。執筆メンバーと、何よりも本書の出版を待ち望んでこられた蔭山先生にお詫び申し上げたい。そして蔭山先生には、これまでのご尽力に改めて感謝の意を表すと

ともに、先生のますますのご活躍を心よりお祈り申し上げたい。

　最後になるが、本書の出版にあたり懇切丁寧なアドバイスをいただいた六花出版の大野康彦氏に深い感謝の意を表したい。

　2014年　陽春　　　　　　　　　　　　　　　執筆者代表　矢吹芳洋

目　次

はしがき（矢吹芳洋） ... i

1　新「現代社会」と「幸福、正義、公正」　1
現代の諸課題を考察・探究する枠組み　　　矢吹芳洋

2　平和学習教材としての「従軍雑観」　47
　　　　　　　　　　　　　　　　　　　　陰山雅博

3　「地域の将来」を見据えた「身近な地域の調査」構想　65
中学校社会科地理的分野の場合　　　　　　種藤　博

4　東京都の学校設定教科「日本の伝統・文化」と「現代世界と日本の歴史・文化」　83
「漫画・アニメ・ゲーム」を取り入れる授業の試みについて　　武藤智彦

5　実践報告「沖縄ウィーク」　93
日本史における3年間の成果と課題　　　　杉山比呂之

| 6 | 実物資料を活かした博物館における歴史学習 | 116 |

芝山町立芝山古墳・はにわ博物館の事例　　　　奥住　淳

| 7 | 氏(姓)を考える | 128 |

歴史と今とこれから　　　　坂詰智美

| 8 | 社会科教育におけるメディアリテラシー | 144 |

新聞を題材にして　　　　関口祐美子

| 9 | 法教育による憲法学習の刷新 | 158 |

中学校社会科公民的分野のための新しい憲法学習プログラム　　岡部麻衣子

| 10 | 発展的平和教育の実践 | 175 |

遠藤正二郎

| 11 | 社会科としての授業力とは何か？ | 186 |

主体的な学びの実践を通して　　　　宮崎三喜男

謝　辞——結びに代えて（蔭山雅博）　　　　197

新「現代社会」と「幸福、正義、公正」
現代の諸課題を考察・探究する枠組み

矢吹芳洋

はじめに

　高等学校の新学習指導要領が、2010（平成22）年度からの先行実施を経て、2013（平成25）年度入学者から本格的に実施されている。今回の改訂は、2003年の一部改訂と異なり、約10年ごとに行われる通常の改訂であり、2003年改訂で積み残した課題とその後の社会状況の変化に対応するものである。

　中央教育審議会（以下、中教審とする）答申は、改訂の背景として、グローバル化の進展、知識基盤社会（knowledge-based society）、教育基本法の改正などを挙げ、今回の改訂がこれらの要因に対応するものであることを示した[1]。この他、答申では言及されていないが、学力低下批判への対応も挙げることができる。

　グローバル化が進展し、異文化との共存やグローバル・イシューの解決が必須となっている。また知識基盤社会の時代の到来に伴い、そのための人材育成が必要となっている。経済協力開発機構（以下、OECDとする）は、これらの変化に対応する能力としてキー・コンピテンシーを示した。OECDが進める学習到達度調査（Programme for International Student Assessment；いわゆるPISA調査）によって、我が国の子どもたちには読解力や活用力、学習意欲が不足していることが指摘されたため、これに対応する改革が進められている。

一方で、2006年12月に戦後の教育の基本理念や制度を定めた教育基本法が、制定以来、約60年ぶりに改正され、これまでの基本理念に新たな理念が加えられたことで、これに則った教育の実現が必要になった。基礎学力低下批判への対応も迫られていた。前回1998・99年の学習指導要領改訂では、教育の基本方針として掲げた「ゆとり」の確保のため、学習内容が大幅に削減された。しかし風当たりは強く、実施前から厳しい批判に晒された。実施直後に異例の一部改訂が行われたものの、学力低下への危機意識は払拭されることなく、今回の改訂にもつながることになった。今回の学習指導要領には、こうした背景がある。

　もちろん新公民科も、これらの課題に対応するものとなっているが、前回ほど大幅な改訂となっていない。しかしその中でも、科目「現代社会」は、「倫理」と「政治・経済」の2科目に比べ変化は大きく、これまでにない新しい試みが導入されている。現代社会の諸課題を「幸福、正義、公正など」から考察する学習の導入である[2]。「現代社会」は、もともと体系的な学習を主としない科目の性格から、さまざまな試みが行われてきた。また現代社会の諸課題を学習対象とするため、課題を考察する学習が行われてきた。前回の学習指導要領では、「課題追究学習」が重要な学習項目として掲げられ、最初の単元で実施されていた。今改訂でもこの考えが継承され、「課題探究学習」が行われることになったが、今回の新しさは、諸課題の考察が「幸福、正義、公正」の点から行われる。しかもこの考察が、科目全体を通して行われることにある。つまり、「幸福、正義、公正」に基づいて課題を考察あるいは探究する活動が、新「現代社会」学習の鍵となっている。「幸福、正義、公正」は、現代社会の諸課題を捉える枠組みである。同時に、社会の在り方を考える基本的な枠組みとして設定されている。将来を担う世代である高校生に、現代社会の諸課題の考察や探究を通して、望ましい社会の在り方を模索する力を付けてもらおうとするものである。

　本稿では、まず中教審答申等の考察を通して学習指導要領改訂の背景を探り、その要因とねらいを明らかにする。また学習指導要領の主な改訂内容を確認することで、そのねらいがどのように具体化されているか把握する。続いてそのねらいが新「現代社会」にどのように具体化されているか、旧「現

代社会」と比較しながら明らかにする。それらを通して新「現代社会」には何が求められているのか確認する。さらに新「現代社会」のキーワードとなる「幸福、正義、公正」の各概念と相互関係を明確にする。そして最後に、「幸福、正義、公正」概念の中心となる正義に関して、現代社会に影響を与えている正義論を取り上げその内容を整理する。これらの考察を通して、新「現代社会」の学習がどのように行われるべき明らかにしたい。

なお、正義論を取り上げるのは、正義が新「現代社会」のキーワードとなる「幸福、正義、公正」の中心概念で、これに対する考え方が新「現代社会」の学習の成否をにぎるからである。

1) 2008（平成20）年1月17日、中央教育審議会「幼稚園、小学校、中学校、高等学校及び特別支援学校の学習指導要領等の改善について」答申 2. 学習指導要領の理念（現行学習指導要領の理念の重要性）。なお、あらゆる事柄をアメリカ合衆国基準の下に置き、これを地球規模に展開する戦略を「グローバル化」とし、これとは異なる一般的な地球規模での展開を「グローバリゼーション」とする表現法があるが、ここではこの区別を採用していない。本稿で「グローバル化」と表記したのは、中教審答申がこの表現を用いているのでこれに従ったもので、それは後者の意味で用いている。

2) 諸課題を考察する枠組みとして提示された「幸福、正義、公正」は、学習指導要領上、「幸福、正義、公正など」と表記され、この3つがあくまでも課題を考察する際の代表的な枠組みで、例示にすぎないことがわかる。したがって、本稿でも「幸福、正義、公正など」と表記すべきであるが、幸福、正義、公正の3つが課題考察の枠組みとして特に重視されていること、また「幸福、正義、公正など」と表記することでこの3つの重要性を強調するねらいが弱まってしまうと考えるので、文脈上、必要である場合を除き、「幸福、正義、公正」と表記することとする。もちろん、そのように表記しても、この枠組みは例示であり、「幸福、正義、公正」以外も含まれることをお断りしておきたい。

1 学習指導要領改訂の背景とめざす学力像

学習指導要領の改訂は、社会状況の変化やその時々の教育課題に対応するために行われる。そのため、改訂の背景要因を知ることが、改訂の趣旨や内容を正確に把握する上で不可欠である。それによって新学習指導要領の趣旨

を生かした授業実践が可能となる。そこでまず、今回の学習指導要領がどのような背景の下で改訂されたのか明らかにしておきたい。

(1) 改訂の要因

中教審答申が改訂の主たる要因として挙げたのは、グローバル化の進展や知識基盤社会時代の到来などの社会状況の変化と教育基本法の改正である[1]。

ヒト・カネ・モノ・情報の国境を越えた移動をもたらすグローバル化が21世紀に入って一層進展し、社会の多元化・多様化を進め、異文化との共存が求められるようになっている。グローバル化の進展はまた、国境を越えた問題、すなわちグローバル・イシューを発生させ、地球的な規模での対応が求められている。そのグローバル化を推し進める要因ともなった科学技術の発展や高度情報社会の進展は、社会の高度化・複雑化をもたらし、知識基盤社会を到来させた。新しい科学技術や情報が産業や生活基盤となり、技術革新が絶え間なく続く知識基盤社会では、競争が世界規模で展開されるため、経済や科学技術において国際競争を勝ち抜く力を持った人材の育成が求められる。このような社会状況の急激な変化が、教育への関心と期待を高め、これらの状況に対応しうる学力・能力概念の明確化とその国際的共通化を進めることになった[2]。

国際的な経済協力を目的としたOECDは、人材育成を行う教育が市場労働、社会、経済と密接に関連していることから、幼児教育から成人教育までの広い範囲で、将来を見据えた教育政策のあり方を提言してきた。この関係から、急激に変化する社会で求められる能力概念を定義付け、それを測定する枠組みである教育指標を作成し、その到達度を評価する国際的な学力調査を行ってきた[3]。OECDによって行われた新しい学力の定義と教育指標を作成する試みの一つがDeSeCo (Definition and Selection of Competencies: Theoretical and Conceptual Foundations) プロジェクトであり、そのための情報収集と学習到達度の国際的調査がPISA調査である。

DeSeCoプロジェクトは1997年に開始され、2003年に報告書が出された。この報告書において、グローバル化や知識基盤社会化など社会構造が急激に変化する時代に求められる力として、キー・コンピテンシー (key competency：

主要能力）という新しい能力概念が示された。コンピテンシー（competency：能力）とは、元来、企業の人事管理などで使用される概念で、ある職業において高い業績を継続的に達成している人物に一貫して見られる行動特性や傾向を意味する。これを教育に援用し、「単なる知識や技能だけでなく、技能や態度を含む様々な心理的・社会的なリソースを活用して、複雑な要求に対応できる能力」と定義した[4]。キー・コンピテンシーは、コンピテンシーの中から、人生の成功や社会の発展に有益で、重要な課題への対応に必要、かつすべての個人にとって重要といった観点から選択されたもので、人生の成功という個人的レベルだけでなく、正常に機能する社会の実現という社会的レベルでも持つべき能力とされた。人々が人生で直面するさまざまな場面で正しい決定をする能力で、単なる知識や技能ではなく、それを含みながら、関心や意欲、態度、行動、価値観といった心理的・社会的リソースを動員することによって得られる能力で、実生活に役立ち、活用できる力と定義付けられた[5]。キー・コンピテンシーは、①道具を相互作用的に活用する力、②異質な集団で交流する力、③自律的に行動する力、の３つの領域に分類される。それぞれ①道具を相互作用的に活用する力は知識基盤社会及び高度情報化社会に、②異質な集団で交流する力はグローバル化に伴う社会の多様化や課題の地球規模化に、③自律的に行動する力は社会の急激な変化に伴う社会の複雑化に対応するための能力、であるといえる。そして、①道具を相互作用的に活用する力は言語、シンボル、テキスト、知識、情報、技術を相互作用的に用いる能力、②異質な集団で交流する力は民族、宗教、健常者・障がい者などの異なる集団の中で他者とうまく関わり協力し、対立を処理して解決する能力、③自律的に行動する力は自ら人生計画を立て職場、家庭生活、社会生活で行動する能力、を指す[6]。

　OECD は、これを加盟国の教育政策や教育改革に反映させるため、教育情報の収集と学習到達度の測定を行ってきた。その一つが PISA 調査である。この調査は、加盟国の義務教育終了段階の 15 歳の生徒を対象としたもので、その学習到達状況を３年ごとに測定する。当初、DeSeCo プロジェクトの資料を得るための学力調査として行われたが、その後は同プロジェクトで示されたキー・コンピテンシーがどれだけ達成されたか測定するものとなった。

調査は、基礎的・基本的な知識のほか、読解力（読解リテラシーとも）、数学的リテラシー、科学的リテラシーを対象とする。さらにそれらの能力形成に影響を与える学習習慣、学習動機、家族の属性に関する調査も含む。PISA が調査する力は、活用力など知識基盤社会で求められる学力とされている。調査結果は公表され、各国の順位が示されるとともに、関連する客観的なデータが提供されるため、各国の教育政策に大きな影響を与え、教育制度や教育内容の見直しの手段として利用されている。

PISA 調査の結果にあまり関心を示さない国家もあるが、とりわけ我が国の関心は高い。2003 年に実施された PISA 調査では、知識・技能の習得面で高い水準を維持していると評価されたが、一方で読解力の落ち込みが激しく、子ども間の学力差が拡大し、学習意欲や学習習慣に問題があることが指摘された。この結果は「PISA ショック」として、その後の教育政策に大きな影響を与えている [7]。

こうした国際的な背景とは別に、国内的な事情もあった。まず教育基本法の改正である。2006 年 12 月に約 60 年ぶりに改正された。旧法に新しい理念や制度を追加する形で改正され、新しい教育理念として伝統と文化の尊重、我が国と郷土を愛する心、公共の精神などが加えられた。教育基本法は、最高裁判所の判例によって、法形式上は他の教育関係の法律と同等の地位にあるが、他の教育関係法令の解釈・運用にあたっては、その趣旨と目的に沿うように行わなければならないとして、実質上、他の法に優先する地位を持つことが確認されているため、改正されるとこれを反映させるために関連法の改正が必要となる [8]。

もう一つの国内要因として、学力低下批判があったことも指摘しなければならない。1998・99 年改訂学習指導要領が、「ゆとり」確保のために行った学習内容 3 割削減に対する批判である。学力低下批判は、学習指導要領の告示後すぐに始まった。戦後の一時期を除き、通常 10 年程度で見直しが行われる慣例を破り、2003 年 4 月の実施後まもない同年 12 月に一部改訂が行われた。「ゆとり」の中で「生きる力」の育成を図るとした学習指導要領の理念が見直され、「生きる力」は「確かな学力」を育成しつつはぐくむとされた。そのために、学習指導要領が最低基準とされ、またいわゆる「はどめ

規定」を見直し「発展的学習」を容認するなど、教育内容を増加する方向に舵が切られた。

(2) これからの時代に求められる学力

　今回の学習指導要領の改訂の背景には、上記のような要因があった。それでは、これらの要因に対応するために、どのような力が求められるとされたのだろうか。すでに言及したが、もう少し詳しく見てみよう。

　OECDのDeSeCoプロジェクトが、グローバル化の進展や知識基盤社会の時代の到来など社会の構造的変化に対応する国際的な学力基準として提示し、加盟国に共通化を求めたのは、「単なる知識や技能だけでなく、技能や態度を含む様々な心理的・社会的なリソースを活用して、特定の文脈の中で複雑な要求に対応することができる能力」である[9]。この定義に従えば、まず「単なる知識や技能だけでなく」とあるように、知識・技能に限定することを否定しているものの、知識や技能の習得自体は否定せず、その必要性を認めている。また「技能や態度を含む」とあるように、知識や技能以外に態度が含まれる。さらに「様々な心理的・社会的なリソースを活用して、特定の文脈の中で複雑な要求に対応することができる能力」を掲げており、ここには活用力と、そしてその力を活かしグローバル化や知識基盤社会化によってもたらされる複雑な課題を解決する力も含まれている。明示されてはいないが、「心理的・社会的リソース」には、当然のこととして、関心・意欲、価値観が含まれ、この意欲には、学習意欲が含まれていることは言うまでもない。

　これらの能力は、DeSeCoプロジェクトが示した3つのキー・コンピテンシーとの関係で言えば、知識・技能の習得を大前提にしながら、①道具を相互作用的に活用する力として示した言語、シンボル、テキスト、知識、情報、技術を相互作用的に用いる能力が活用力であり、②異質な集団で交流する力の中の他者とうまく関わり、協力し、対立を処理して解決する能力が問題解決力であるといえる。DeSeCoプロジェクトは、人間の特性をベースにしながら、時代の要請を満たす能力概念を広く示した。キー・コンピテンシーとして提示した能力には、知識や技能、活用力、問題解決力、そして学習意欲

が含まれている。

　PISA 調査は、義務教育終了段階の子どもを対象とした「習得した知識や技能を実生活のさまざまな場面で直面する課題にどの程度活用できるか評価する調査」である。ここで調査されるのは、まず習得した知識や技能である。しかしそれにとどまらない実生活に役立ち活用できる力も測定される。これらは読解力、数学的リテラシー、科学的リテラシーとして調査される。キー・コンピテンシーの①道具を相互作用的に活用する力を強調し、その到達度を確認する調査である。2003 年調査では、これに加えて問題解決能力も調査された[10]。したがって PISA が調査する学力は、主として知識や技能、活用力、そして問題解決力ということになる。

　このように、DeSeCo プロジェクトが示したこれからの時代に求められる能力としてのキー・コンピテンシーと PISA 調査で測定する学力には、①基礎的、基本的な知識や技能、②知識や技能を活用する力、③問題解決力、そして学習意欲、が含まれていることがわかる。

　一方、国内的な主たる要因は、教育基本法の改正と学力低下批判であった。改正教育基本法は、新たに第 2 条として教育の目標を掲げた。その中に新たな徳目が加えられ、ここで示された徳目を定着させるために道徳教育の充実が必要となった。高等学校に限って言えば、その一つとして倫理的思考力や価値判断力の育成が含まれることになる。また学力低下批判は、2003 年の「確かな学力」の確保を求める学習指導要領一部改訂をもたらし、新学習指導要領でもこれが継承され、さらに拡充されることになった。確かな学力とは基礎的、基本的な知識や技能であり、この習得が求められることになる。

　2007 年 6 月に教育基本法改正を受ける形で学校教育法が改正され、各学校段階の教育目標が修正されている。第 30 条（小学校の教育目標）2 項は「生涯にわたり学習する基盤が培われるよう、基礎的な知識及び技能を習得させるとともに、これらを活用して課題を解決するために必要な思考力、判断力、表現力その他の能力をはぐくみ、主体的に学習に取り組む態度を養うことに、特に意を用いなければならない」とされた[11]。これは、これからの社会を生涯学習の時代と位置付け、学校教育の役割がその基盤の形成にあることを確認した上で、学校教育の目標が基礎的な知識及び技能の習得を図り、習得

した基礎的、基本的な知識や技能を活用して課題を解決するために必要な思考力、判断力、表現力を育成するとともに、学習意欲を高めることにあるとするものである。学校教育法の改正は形式上、教育基本法の改正を受ける形でなされているが、各学校段階の教育の目標として示されたこれらの力は、DeSeCo プロジェクトや PISA 調査で提示された学力観を強く意識したものになっていることがわかる[12]。

1) ここで掲げた要因は、あくまでも改訂の主たる要因である。
2) 井上雅彦「『PISA 型読解力』育成のための学習指導——ディベート学習活動の可能性」『安田女子大学紀要』37 号、2009 年、117 頁
3) ドミニク・S・ライチェン、ローラ・H・サルガニク編著／立田慶裕監訳『キー・コンピテンシー——国際標準の学力を目指して』明石書店、2006 年、9-10 頁
4) 宮嶋秀光「人格とキー・コンピテンシー——教育の目標概念に及ぼす DeSeCo プロジェクトの影響について」名城大学大学院・学校づくり研究科紀要『大学・学校づくり研究』第 2 号、2010 年 3 月、43 頁。なお、コンピテンシーの詳細については、前掲注 3) 参照。
5) 井上・前掲注 2) 117-118 頁
6) 奈良勝行「OECD コンピテンシーの概念の分析と一面的『PISA 型学力』の問題点」『和光大学現代人間学部紀要』第 3 号、2010 年 3 月、83 頁
7) 2006（平成 18）年の調査でも、読解力は前回調査と同程度で、数学的リテラシーも平均得点が低下し、科学への興味・関心や楽しさを感じている生徒数の割合が低いことが指摘された。しかし、2009（平成 21）年の調査では、読解力、科学的リテラシーは上位グループ、数学的リテラシーは平均より高得点グループに位置し、とくに読解力は前回調査より大幅に上昇して改善傾向にあることが分かった。この点について、文部科学省は、学力向上に取り組んだ成果が出たとした上で、世界のトップクラスの国々と比べると、各リテラシーとも成績下位層の生徒が多く、読解力は必要な情報を見つけ出し取り出すことは得意であるものの、知識や経験と結び付けることが苦手とされていると依然課題が残っているとしている。文部科学省「言語活動の充実に関する指導事例集〜思考力、判断力、表現力等の育成に向けて〜中学校版」2011（平成 23）年 5 月、4 頁
8) 旭川学力テスト事件最高裁判所判決（最大判昭和 51・5・21 判例時報 814 号）参照。
9) 井上・前掲注 2) 118 頁
10) 松下佳代「〈新しい能力〉による教育の変容——DeSeCo キー・コンピテンシーと PISA リテラシーの検討」労働政策研究・研修機構『日本労働研究雑誌』2011 年 9 月

号（No.614）、43頁
11）第30条2項は小学校の教育目標規定であるが、同項は第49条で中学校に、第62条によって高等学校に準用される。
12）国際的な学力調査の結果は、我が国の学力調査の方法にも影響を与えている。2007年4月に、文部科学省が、学習到達状況の測定及び学習・生活環境を調査するため、小学校6年生と中学校3年生全員を対象とした全国学力・学習状況調査を実施したが、国語と算数・数学の問題は、知識の習得度を見るA問題と活用力を見るB問題に分けられた。B問題はPISA調査の実生活のさまざまな場面で直面する課題にどの程度活用できるかを見る問題に類似し、ここにもPISA調査の影響が見て取れる。篠田信司「『全国学力調査』で求められている学力とは何か？」学習研究社『学力ジャーナル』第1号、2009年9月、1頁

2 中央教育審議会答申が示した新しい時代の学力

(1) 中教審答申と国際的学力基準

　OECDのDeSeCoプロジェクトやPISA調査によって国際的な学力基準として提示された学力・能力概念は、中教審答申の中でも次のように確認されている。

　OECDが、急激に変化する時代状況の中で知識基盤社会の時代を担う子どもたちに求められる能力をキー・コンピテンシーと定義付けたことに対して、すでに1996(平成8)年の中央教育審議会答申において提唱している「生きる力」は、内容の面だけでなく、社会生活で必要な子どもたちの力を明確化して教育の在り方を改善するという考え方においても、この考え方を先取りしたものであるという認識を示した[1]。「生きる力」とは、いうまでもなく1998・1999年告示の学習指導要領において改訂の基本方針として打ち出され、その後、学力低下批判を受け、2003年改訂で一部修正された概念で、①基礎・基本を確実に身に付け、いかに社会が変化しようと、自ら課題を見つけ、自ら学び、自ら考え、主体的に判断し、行動し、よりよく問題を解決する資質や能力、②自らを律しつつ、他人とともに協調し、他人を思いやる心や感動する心などの豊かな人間性、③たくましく生きるための健康や体力

を指す[2]。知識基盤社会とは、「新しい知識・情報・技術が政治・経済・文化をはじめ社会のあらゆる領域での活動の基盤として飛躍的に重要性を増す」社会で、その特色として知識が日進月歩で変化し、この変化が旧来のパラダイム転換を伴い、幅広い知識と柔軟な思考力に基づく判断がいっそう重要になる。知識や技能はすぐに陳腐化してしまうため、常に更新し生涯にわたって学ぶことが求められ、学校教育はそのための基礎を養う場となる。このような社会では、基礎的・基本的な知識・技能の習得と、それらを活用して課題を見出し解決するための思考力・判断力・表現力等が求められるとした[3]。

このように、中教審は、OECD が示したこれからの時代に対応するために求められる学力・能力概念について、すでに学習指導要領が「生きる力」として示してきたものと同じもので、その内容を先取りしていたという認識に立ち、それらの学力・能力のさらなる充実が改訂のねらいであり、それは新学習指導要領によって具体化されるとした。

(2) 答申に示された「学力の重要な要素」

中教審答申は、「学習指導要領改訂の基本的な考え方」として、①教育基本法の改正をふまえた内容、②「生きる力」という理念の共有、③基礎的・基本的な知識・技能の習得、④思考力・判断力・表現力等の育成、⑤学習意欲の向上や学習習慣の確立、⑥確かな学力を確立するために必要な授業時数の確保、⑦豊かな心や健やかな体の育成のための指導の充実、の7点を示した[4]。

ちなみに、これを改訂の背景要因との関連で示せば、DeSeCo プロジェクトで示された能力や PISA 調査への対応という点では、③基礎的・基本的な知識・技能の習得、④思考力・判断力・表現力等の育成、⑤学習意欲の向上や学習習慣の確立、⑥確かな学力を確立するために必要な授業時数の確保、が関連する。教育基本法の改正への対応については①教育基本法の改定をふまえた内容、具体的には道徳教育の充実が、そして学力低下批判への対応については③基礎的・基本的な知識・技能の習得及び⑥確かな学力を確立するために必要な授業時数の確保、が関連するといえる。この中で公民科に直接

関連するのは①教育基本法の改正をふまえた内容、②「生きる力」という理念の共有、③基礎的・基本的な知識・技能の習得、④思考力・判断力・表現力等の育成、である。

中教審答申は、さらにこれからの時代に求められる「学力の重要な要素」として、①基礎的・基本的な知識・技能、②知識・技能を活用して課題を解決するために必要な思考力・判断力・表現力、③学習意欲、を示した。これらは DeSeCo プロジェクトで提示された能力に共通している。

以上のように、新学習指導要領の下で教科に求められるのは、基礎的・基本的な知識・技能の習得、習得した知識・技能を活用する力、習得した知識・技能を活用して課題を解決するために必要な思考力・判断力・表現力、そして学習意欲である[5]。中教審答申は、これらの力が変化の激しい社会を「生きる力」となると考えた。

1) 2008(平成20)年1月17日、中央教育審議会「幼稚園、小学校、中学校高等学校及び特別支援学校等の学習指導要領等の改善について」答申2. 学習指導要領の理念(現行学習指導要領の理念の重要性)
2) なお、「基礎・基本を確実に身に付け」の部分は、2003年の一部改訂により追加された。
3) 前掲注 1)
4) 「⑦豊かな心や健やかな体の育成のための指導の充実」は、教育が知識だけでなく心や身体の健康を育む役割を持つと考えられていることから、今回に限らず学習指導要領の改訂では必ず含まれる目標である。
5) 公民科において、道徳教育の充実から求められる倫理的思考力は、課題を解決するために必要な思考力・判断力・表現力等に含まれると考えるべきであることは言うまでもない。

3　学習指導要領の主な改訂事項と公民科

新学習指導要領における高等学校の教育内容に関する主な改訂事項と公民科の改訂内容は、次の通りである。

(1) 高等学校の教育内容に関する主な改訂事項

　高等学校学習指導要領の教育内容に関する主な改訂事項は、①言語活動の充実、②理数教育の充実、③伝統や文化に関する教育の充実、④道徳教育の充実、⑤体験活動の充実、⑥外国語教育の充実、⑦職業に関する教科・科目の改善、の7つである。

　この中で、公民科に直接関連するのは、①言語活動の充実、③伝統や文化に関する教育の充実、④道徳教育の充実、⑤体験活動の充実、である。

　①言語活動の充実は、新学習指導要領によって特に強調されている。学習活動のほとんどは言語により行われ、言語は知的活動（論理や思考）、コミュニケーション、感性や情緒、思いやりの心の育成の基盤で、あらゆる教育活動の前提となる[1]。言語に関する能力を育成することが、思考力、判断力、表現力の育成につながり、その能力の育成には言語活動の充実が必要であるという考え方に基づく[2]。そしてまた言語活動は、活用の一つの方法でもある。言語活動の充実は、その中心になる国語はもちろん、その他の教科・科目等を貫く重要な改善事項として、あらゆる学習活動において求められる。公民科に関していえば、「現代社会」では課題探究学習において探究の過程や結果をわかりやすく表現する、「倫理」では自己確立のために論述や討論を用いる、そして「政治・経済」では課題探究学習などで用いる資料の選択基準、結論を得た過程や結論そのものを表現する、などがその例として示されている。

　③伝統や文化に関する教育では、文化の一部としての宗教に関し充実が図られている。「倫理」で学習する宗教にイスラム教が追加され、その学習が求められることになった。イスラム教徒は、世界の人口の約23％を占めている。その人々の根底にある考え方を知らなければ、異文化を理解しグローバル化に対応できないという考えに基づくものである。

　④道徳教育の充実については、「現代社会」と「倫理」において、人間としての在り方や生き方に関する学習の充実を求めている。

　そして⑤体験活動の充実は、体験が社会性や人間性、論理的思考力の基礎を形成し、具体的な体験を通して物事を実感することにより確かなものとなるという考え方に基づき、公民科では、とくに課題探究学習において体験的

な学習を導入することを求めている。

(2) 公民科の主な改訂事項

　公民科は、あまり変更されていないことはすでに言及した。教科目標も、教育基本法の改正に合わせ語句の一部修正を行っただけで、実質的な変更になっていない[3]。科目構成、各科目の標準単位数、選択必修の履修方法も従前と全く同じである[4]。1998・1999年改訂の目玉であった「生きる力」の育成も継承され、3科目とも課題学習の一層の充実が求められている。

　主な変更は次の点である。まず基礎的・基本的な知識・技能の習得が強調されている。基礎学力低下批判を受けたものである。次に習得した知識・技能を活用する活動として「課題探究学習」が求められている。これはPISA調査において指摘された読解力（活用力）の不足を受けたものである。そして持続可能な社会の形成を目指し、公共的な事柄に自ら参画していく資質や能力の育成である。これは持続可能な開発に関する国連決議と、教育基本法の改正により新たな教育理念として掲げられた「公共の精神」を受けたものである。この他、特に「現代社会」と「政治・経済」では、グローバル化、規制緩和の進展、司法の役割の増大という社会状況の変化に対応するために、金融・消費者教育と法教育の充実が求められている[5]。

1) 2008（平成20）年1月17日、中央教育審議会「幼稚園、小学校、中学校高等学校及び特別支援学校等の学習指導要領等の改善について」答申 7. 教育内容に関する主な改善事項 (4) 言語活動の充実
2) 高等学校学習指導要領　総則　第1章　第5款の5の(1)
3) 教育基本法の改正に合わせて、教科目標の一部が「民主的、平和的な国家及び社会の形成者」から「平和で民主的な国家及び社会の形成者」と変更された。
4) 文部科学省『高等学校学習指導要領解説　公民編（平成22年6月）』教育出版、2010年、6頁
5) 同上 3-4頁

4 新「現代社会」の主な改訂事項と内容構成

　公民科の中で最も変更されたのは「現代社会」である。次に、「現代社会」がどのように改訂されたか詳しく見ておきたい。

(1) 新旧「現代社会」内容構成の比較

　まず新「現代社会」の変更点を、旧「現代社会」と比較しながら見ておこう。

　旧「現代社会」は、「(1) 現代に生きる私たちの課題」と「(2) 現代社会と人間としての在り方生き方」の2つの大項目で構成されていた。大項目(1)で課題を追究し、大項目(2)で知識の習得を図るという学習の順序である。大項目(1)の課題追究学習は、急激な社会の変化に対応する力として求められる「生きる力」の育成を図るための方法として実施された。課題追究学習を行うことで、生徒に「現代社会」に対する興味・関心を持たせるねらいもある。そして大項目(2)では、青年期の生き方を考えさせる青年期（倫理、社会、文化）と社会事象を捉える枠組みである政治、法、経済、国際関係を、それぞれ対応する青年・経済人・主権者・日本人の視点から理解させ、それらを捉える概念的枠組みを習得させるのがねらいである[1]。学習の順序は、追究から習得への流れである。

　これに対して新「現代社会」では、大項目が「(1) 私たちの生きる社会」「(2) 現代社会と人間としての在り方生き方」「(3) 共に生きる社会を目指して」の3つに細分化された。学習の順序も習得、習得及び活用、そして探究へと変更されている。

　この他、内容上、法に関する教育の充実が図られている。これまで政治単元の一部として扱われていたものが、中項目において法単元として独立した。これは、いわゆる法化社会への対応である。また金融・消費者教育が強調されている[2]。「持続可能な社会の形成への参画」が強調されているのも特徴である。国際連合決議に対応したものである。これらの変更点は「政治・経済」と共通している。さらに道徳教育の充実を反映させ、倫理内容の充実を図り、人間としての在り方や生き方に関する学習が増加している。この点は

後ほど述べるように、本稿の中心となる「幸福、正義、公正」学習に表れている。

(2) 新「現代社会」の内容構成

新「現代社会」の3つの大項目の構成は、次のようになっている。大項目(1)の学習で現代社会の諸課題を観る目と社会の在り方を考える枠組みを理解(習得)し、大項目(2)で現代社会を倫理、社会、文化、政治、法、経済、国際関係など多様な角度から理解(習得)した上で、その枠組みを分野ごとに設定した課題に適用して考察(活用)し、さらにまとめとして、これらの成果を大項目(3)に応用し、「持続可能な社会の発展の形成に参画する」という観点から課題探究活動(探究)を行うことが求められる[3]。

新「現代社会」の大項目の内容をもう少し詳しく見てみよう。

①大項目「(1) 私たちの生きる社会」

大項目(1)は、今回、新たに設けられた項目である。この項目には、科目の導入の役割がある。ここでは単なる知識の習得に終わらせず、科目全体の学習の動機付けを行うことが求められる[4]。大項目(2)と(3)での活用の前提となる学習である。

ここで中心となるのが「幸福、正義、公正」についての学習である。「幸福、正義、公正」は、現代社会の諸課題を捉え考察し、かつ望ましい社会の在り方を考えるための枠組みである[5]。また「幸福、正義、公正」は、現代社会の諸課題として「内容の取扱い」において例示された「生命、情報、環境など」に関する事柄を取り上げながら考察することになる。しかし、ここでは課題解決が求められていない。諸課題を捉え考察するための基本的な枠組みを身に付けさせ、社会の在り方を考察する基盤を理解させることにある[6]。そして「幸福、正義、公正」は、別々に取り上げるのではなく、相互に関連させて扱うことが求められている[7]。

また現代社会の諸課題として「生命、情報、環境」が例示されているが、解説書は、例えば「生命」に関する学習について次のように述べている。科学技術と生命科学の進展が利便性をもたらす一方で、これまでの生命観では対処が難しく、その見直しを求める課題が出てきており、これについて推進

する立場と抑制する立場の両方を取り上げながら、科学技術の進歩が従来の倫理観にどのように影響を与えているか、人類の福祉の増進のために科学技術の活用の仕方はどのようにあるべきかなどの課題に関して、対立する意見を対比させながら考察させることが考えられるとして、倫理的観点から思考・判断することを求めている[8]。活用力や課題解決力の育成を強く意識しており、DeSeCo プロジェクトや PISA 調査の影響を強く受けている部分であるといえる。

②大項目「(2) 現代社会と人間としての在り方生き方」

大項目 (2) は、科目設置以来の「現代社会」の学習内容である「現代社会の理解」と「人間としての在り方生き方」を相互に関連付けた学習を行うところである。「現代社会の理解」では、単なる知識の習得に終わらせず、その知識を活用することが期待されている。つまり、現代社会を倫理、社会、文化、政治、法、経済、国際関係など多様な角度から理解（習得）した上で、中項目ごとに 1 つ以上の課題を設定し、大項目 (1) の学習成果を活かしながら「幸福、正義、公正」の観点から諸課題を考察することが求められる（活用）。青年期、政治、法、経済、国際関係などに関する知識や概念、すなわち青年期の生き方や社会事象の見方や考え方となる概念的な枠組みを習得し、それぞれ青年期、政治、法、経済、国際関係に関する課題を取り上げ考察する。この他、中項目では、これまでその一部として取り扱われてきた法を政治分野から独立させている。これは、法化社会と一連の司法制度改革に対応したものであることはすでに述べた。

③大項目「(3) 共に生きる社会を目指して」

大項目 (3) は、課題探究学習を行うところである。大項目 (1) と (2) の学習成果を (3) に応用する。つまり大項目 (1) で学んだ「幸福、正義、公正」に基づく思考法と、大項目 (2) で学んださまざまな知識を活用して課題探究学習を行う。探究の際には、「持続可能な社会の実現に参画するという観点から」課題を設定し探究活動を行わなければならない[9]。この観点は、国際連合の決議に関連している。また課題探究は、「個人と社会の関係、社会と社会の関係、現役世代と将来世代の関係のいずれか一つに着目させ」なければならない[10]。課題探究学習の方法については、旧大項目 (1) の

「課題追究学習」の方法と同じく、①課題の設定、②資料の収集と活用、③課題の探究、④まとめ、という手順が例示されている[11]。「個人と社会の関係」は個人と社会システムの関係を指し、具体的にはフリーターと雇用システム、女性と社会参画システムなどを、「社会と社会の関係」は国と地域、国家間、先進国と途上国の関係を、そして「現役世代と将来世代の関係」は環境問題や社会保障をめぐる世代間格差の問題を、それぞれ指している[12]。

(3) 新「現代社会」の学習項目と求められる学力との関連

次に「現代社会」の各大項目と、新学習指導要領が求める新しい時代の学力がどのように関連しているか見ておきたい。

大項目「(1) 私たちの生きる社会」は、現代社会の諸課題を考察する単元である。ただしここでは、課題解決までは求めない。新たに設置されたこの大項目は、いわゆる「習得」の単元で、「基礎的・基本的な知識・技能の確実な習得」を図ることが主たるねらいである。具体的には、現代社会の諸課題の枠組みである「生命、情報、環境」にそれぞれ関連する課題を、「幸福、正義、公正」の概念を用いて考察することによって、現代社会の諸課題を捉え考察し、望ましい社会の在り方を考える基本的枠組みを「基礎的・基本的な知識」として身に付ける。またその際にいろいろな資料を扱い、これを活用する中で、資料活用の「基礎的・基本的な技能」を習得する。「幸福、正義、公正」に基づいた課題の考察活動を通して「倫理的思考や価値判断力」の基礎を身に付ける。これが、「課題を解決するために必要な思考力、判断力、表現力」の基礎になる。またこの考察活動は、それ自体が倫理的思考・判断活動で、この活動を行うことが「倫理領域の内容の充実」となる。

大項目「(2) 現代社会と人間としての在り方生き方」は、現代社会を多様な角度から理解し、さらに課題を設けて「幸福・正義・公正」の観点から考察を行う単元である。すなわち「習得」プラス「活用」の単元である。青年期（倫理、社会、文化）、政治、法、経済、国際関係に分けられた各中項目を学習して青年期の意義を理解しその時期の生き方を自覚するとともに、「基礎的・基本的な知識を習得」し社会的事象の見方や考え方を身に付ける。また中項目ごとに課題を設定し、大項目（1）で習得した「幸福、正義、公

正」の各概念を用いた思考法を活用して考察することで、「倫理的思考力や価値判断力」を強化できるようにする。ここでの課題考察は、訓練を重ねることで「倫理的思考力や価値判断力」をさらに確かなものに仕上げていくために行われる。青年期、政治、法、経済、国際関係の各中項目の学習は、「基礎的・基本的な知識」を習得する学習活動であり、中項目ごとの課題考察はまた、「習得した基礎的・基本的な知識を活用する学習活動」で、これによって「課題を解決するための思考力、判断力、表現力等」が育成されることになる。

大項目「(3) 共に生きる社会を目指して」は、科目の総仕上げの単元で、大項目 (1) と (2) の学習の成果を生かして課題探究学習を行う「活用」プラス「探究」の単元である。大項目 (1) と (2) で「習得した基礎的・基本的な知識及び技能」を活用し、課題探究活動を行い、「課題を解決するために必要な思考力、判断力、表現力等」をしっかりと育成する。課題探究活動は、「持続可能な社会の形成に参画するという観点から」行うが、ここでは「幸福、正義、公正」に加え、「共生」の概念を用いて考察する[13]。大項目 (1) 及び (2) で身に付けた「倫理的思考力や価値判断力」を活用するところである。課題探究活動は、その活動を通して、社会的事象に対する客観的かつ公正な見方や考え方が育成されるだけでなく、資料の見方、情報検索・処理の仕方、社会調査の方法などの学び方の習得を図り、さらに探究の過程や結果をわかりやすく表現するなど、「言語活動を充実」させる活動によって「表現力」を育成することがねらいである[14]。

これらの活動を通して、新しい時代に求められる学力が育成されていくことになる。

(4) 各大項目と「幸福、正義、公正」

新「現代社会」において、新しい時代の学力は上記のような形で育成されることになるが、その際、「幸福、正義、公正」の概念がすべて大項目の学習活動に関連し、キーワードになっていることがわかる。大項目 (1) では、「幸福、正義、公正」を現代社会の諸課題を捉え社会の在り方を考察する際の基本的な枠組みとして理解し、かつ課題考察の際の思考法としてその基礎

を身に付けることが求められる。大項目（2）では、「幸福、正義、公正」が、各中単元の課題考察の枠組みとして活用される。そして大項目（3）では、科目のまとめとして課題探究活動を行う際に、「幸福、正義、公正」が課題探究の枠組みとして活用される。いうまでもなく、「幸福、正義、公正」は、実際に現代社会のさまざまな課題を考察する際に用いられる価値判断を伴った観点であり、またこれからの社会の在り方を考える上で大切な倫理的思考の枠組みである。これらの学習を通して、倫理的な思考力や価値判断力が身に付いていくことになる。

1）文部科学省『高等学校学習指導要領解説　公民編（平成 11 年 12 月）』平成 17 年 1 月一部補訂、実教出版、1999 年、20 頁
2）これもまた社会の変化への対応であるが、小泉政権下で推し進められた「金融立国」政策の残滓ともいえる。
3）文部科学省・前掲注 1）7 頁
4）同上 9 頁
5）同
6）同
7）同
8）同 10 頁。社会の在り方を分析する基盤としての「幸福、正義、公正」の概念を理解するために、「現代社会における諸課題」として「生命、情報、環境など」が「内容の取扱い」で示されている。実際の授業では「生命、情報、環境」がそれぞれ共通して取り上げられることになるが、具体的内容は多様でよい。また「生命、情報、環境など」とあるように、場合によっては、「生命、情報、環境」以外の内容を加えてもよいことになっている。大杉昭英『高等学校新学習指導要領の展開　公民科編』明治図書出版、2010 年、30 頁
9）文部科学省・前掲注 1）19 頁
10）同上 19-20 頁
11）同 20 頁
12）同 20 頁及び大杉・前掲注 8）80-87 頁参照
13）同 20 頁
14）同 23 頁

5　現代社会の諸課題及び社会の在り方を考察する枠組としての「幸福、正義、公正」

　すでに見たように、「幸福、正義、公正」は新「現代社会」全体の学習基盤となる概念である。つまり、科目「現代社会」の学習対象である現代社会の基本的な問題に対する判断力と人間としての在り方生き方を育成する基盤となる。したがって、新「現代社会」の学習を進めるには、「幸福、正義、公正」のそれぞれの意味とその相互関連を明確に把握しておく必要がある。

(1) 高等学校学習指導要領解説書が示す「幸福、正義、公正」

　「幸福、正義、公正」については、『高等学校学習指導要領解説　公民編』[1]の「現代社会」において各概念と相互関係が詳しく解説されているので、初めにここから確認しておこう。解説書では、「幸福、正義、公正」について次のように説明されている。

> 　一人一人の人間は、それぞれが自分らしく生き、自己の目的が実現できることを求めている。個々人は、自らの「幸福」を願い、充実した人生を求めているのであって、こうした願いができる限り実現できるよう配慮されていることが、現代社会の諸課題を考察する上で大切なことであると言えよう。しかし、自己の幸福の追求は、時として他者や他の集団、あるいは社会全体の幸福と対立や衝突することがある。
> 　そこで、このような対立や衝突を調整し、いかによりよい社会を形成すべきか考察することが必要である。そのとき、すべての人にとって望ましい解決策を考えることを、ここでは「正義」について考えることであるとしている。つまり、ここでいう「正義」とは、何か特定の内容があると考えるのではなく、何が社会にとって正しいのかということについて考えることが「正義」について考えることであるととらえているのである。
> 　「正義」について考える際に、必要となってくるのが「公正」である。すなわち、「公正」とは、対立や衝突を調整したり解決策を考察したり

する過程において、また、その結果の内容において、個々人が対等な社会の構成員として適切な配慮を受けていることである。また、「公正」であるとは、社会の制度や規範、あるいは行為の結果を正しいものとして人々が受容する条件が成り立っていることということもできる。例えば、対立や衝突の調整を図る場合、当事者のうち片方の主張だけを取り上げていないか、少数者にも配慮しながら社会の多数の幸福を図るようにしているかなど、手続きや結果についての「公正」が確保されているかどうかなどを一つの目安として考えることができる。

このように解説書は、「幸福、正義、公正」の各概念を、それぞれ自己実現としての幸福、対立・衝突の調整原理としての正義、正義の内実をなし手続きと結果の双方で適切な配慮を求める公正としている。

(2)「幸福、正義、公正」の各概念
　学習指導要領解説書は、「幸福、正義、公正」の各概念と相互関係を上記のように捉えているが、もう少し詳しく見ておこう。
①幸福
　幸福は、人間の本性に密接に関係している。解説書も述べているように、一般に人生の目的は幸福の実現にあると考えられている。しかし各人の人生の目的は多様であるから、当然、幸福も多様で個人差がある。
　この幸福についてはじめて体系的に考えたのが、「万学の祖」とよばれるアリストテレスである。彼は幸福について次のように考えた。幸福は、人間のあらゆる活動の最終目標である。ただ、何が幸福かは人によって異なり多様である。食欲や性欲、睡眠等の欲求を満足させることで幸福を感じることができるが、これは動物にも共通するものである。人間は動物と異なり、魂（心・精神）を持っており、人間らしく振舞うこと、理性をそなえた魂の活動、たとえば真理の探究や他者への思いやりなどによって幸福を感じることができる。そして最大の幸福は、自分が持っている本来の能力を最大限発揮することであると考えた[2]。アリストテレスは、幸福を欲求の充足とするが、人間と動物の幸福を分け、自分が持っている本来の能力を最大限発揮すること

が人間の幸福であるとした。これは、自己実現を幸福と捉える考えにも通じる考え方であるといえる。

　人間の幸福を考える場合、もう一人言及しなければならない人物がいる。現代社会の幸福に対する基本的な考え方を示したアメリカ合衆国の心理学者のアブラハム・マズローである。彼も、幸福とは欲求が満足された状態を指すと考えた。しかしその欲求を5つの段階に分け、ヒトという動物の側面から生まれる生存本能に基づく生理的欲求、危険な目に遭わず安全に生きたいという安全への欲求、仲間になりたいその仲間に愛されたいという所属と愛の欲求、仲間に認められたいという承認の欲求、そして何かを達成したいという自己実現の欲求と階層構造をなしているとし、欲求の最終段階である自己実現を果たすことが最大の幸福だと考えた[3]。アリストテレスと同様に、欲求の充足を幸福の条件とするが、欲求を階層として捉え、その最終段階である自己実現を至上の幸福と考えたところに特色がある。

　アリストテレスとマズローは、欲求の充足を幸福の条件とすること、しかしその充足には人間と動物の違いがあると考える点で共通している。とりわけマズローの人間の最大の幸福は自己実現であるとする考え方は、現代の幸福論の基本認識になっているといってよい[4]。

②正義

　正義は、"Justice"の訳語である。Justiceは正義のほか、公正、正しさ、正当さ、妥当性、道理、さらには司法や裁判、裁判官などと訳される多義的な概念である[5]。一般に、人や集団の行動や行為あるいは処遇のあり方に関する正しさを判断する基準、と定義できる[6]。人の行為や行動の正しさの重要な部分については、法の形式で定式化されている。典型的なのは刑法で、為してはならない行為という逆の形でその具体例が示されている。一方、処遇をめぐる正しさは、公正・公平や平等の問題となる。

　それではなぜ正義が問題とされるのだろうか。先に触れたように、それは人間が社会的動物であることに由来する。社会的存在としての人間は、社会を形成しなければ生活できない。しかし社会には、さまざまな考え方を持つ人々が生活している。それぞれの考える利益や想いは異なり、場合によってぶつかり合うことがある。皆が自分の考えを押し通し無秩序に行動していて

は、社会の安定が保てない。こうした衝突を調整し秩序を保つためにはルール、つまり決まりごとが必要となる。その根底にあり、人々の行為の正しさを判断する基準が正義である。

　しかし学習指導要領解説書が、正義には特定の内容があるわけではなく社会にとって何が正しいかを考えることが正義である、と記しているように[7]、正義の内容は時代とともに変遷してきた。封建時代のように、国王や宗教者が決めたものが正義とされた時代もあった。それだけではない。どのような社会体制にあるのかによっても異なる。つまり、正義は時代と社会によって変化するものである。それゆえに正義を考えるときには、いつの時代で、どのような社会体制を採る国家や社会か考えなければならない。

　現代国家の多くは、自由市場経済を基礎とする資本主義体制を採っている。この体制の下でのルールは、自由と競争を前提とする。各人がそれぞれの考えに従って自由に活動することを理想とし、そこでは競争を必要なものと認める。たとえその結果として格差が生じても、許容できる範囲であれば認められるという考えに立つ。人々の自由な活動と競争を保証するそのルールが、公正なのである。

　そして正義の具体的な内容の検討に入ると、公正の問題に言及せざるをえない。とりわけ多くの国家が資本主義体制下にある現代社会では、正義の内実を検討すると、公正の問題に行き着くことになる。つまり、正義を具体的に実現する方法が公正の問題なのである。そこで次に、公正とは何かを明らかにすることが必要となる。

③公正（公平）

　公正は、"fairness"の訳語である。fairness は fair の名詞形で、fair には公正な、規則にかなった、正しい、論理にかなった、適正な、正当な、正々堂々としたという意味がある[8]。公正は、用例として「公正な裁きを下す」とあるように、公平で偏っていないことまたそのさま[9]、特定の人だけの利益を守るのではなく誰も公平に扱うことをいう[10]。公正に極めて近い概念に公平がある。impartiality の訳語である。公平は、「公平を期す」や「公平な判断」として用いられるように、判断や処理などに偏りがなくすべてのものを同じように扱うこと[11]、情実などによって特別扱いすることなくすべ

て同じように扱うこと[12]、判断や行動が公正で偏っておらず特定の人をえこひいきしないこと[13]、などをいう。公正と公平の語は、それぞれ用語説明において双方の用語が相互に使用されるように、一般的にほぼ同義の概念として用いられる。しかし、厳密には、公正が不正やごまかしがない、すなわち正しさに重点があるのに対して、公平は判断や処理に偏りがないことに重点が置かれる[14]。

　この他、近い概念として平等と衡平がある。平等は"equality"の訳語である。判断に際して、公正が内実に踏み込まないのに対して、個々の内実に踏み込むのが平等である。さらに衡平は"equity"の訳語で、バランスを取るという意味である。法適用の段階において、個々の具体的事例に即してバランスを取り、法を実質的に補正する根拠とされる[15]。

　これらの概念は、いずれも分配の方法や人々の処遇の適切性に関連する概念で、一部だけ手厚くしない、一部に偏らないという意味を含んでいる。公正な分配の基準として、一般的に考えられているのが貢献原則と必要原則である[16]。貢献原則は、各人が社会に貢献した度合いに応じて分配すべきであるとする考え方で、分配の際に個人の努力、勤勉さ、能力等を考慮する。貢献度に応じた分配は、人々をかなりの程度納得させることができる。しかしその前提条件、すなわち持っている能力を発揮できる条件や機会が平等でなければ公正とはいえないという問題点がある。一方、必要原則は、それぞれの人々の必要性に応じて分配すべきとする考え方である。しかし個人の貢献度に関係なく分配されるため、社会に貢献しようとするインセンティブ（外的刺激）が失われ、努力し勤勉に活動しようとしなくなる。その結果、分配される社会の富そのものを生み出さなくなるという問題点がある。

　分配の公正は、個人への分配状態が平等か否か判断する法的概念ではなく、望ましいか否か判断する倫理的な概念である。人々の間の所得等の著しい格差は問題であるが、完全な平等も人々の間に不満を醸成し、社会不安や混乱をもたらすことになるため望ましくないとされる。そこで両原則の調和が重要となる。結局、何が公正かは民主的に決定するほかないと考えられている。

④「幸福、正義、公正」の各概念と相互関連

　ここで、「幸福、正義、公正」の各概念と相互関係を簡潔にまとめておこ

う。

　幸福は、人間の生きる目的である。誰でもが幸福をめざして生きている。幸福の内容は人によって異なるから、個人が自由に活動して追求すべきである。しかし、ある人の幸福追求が他の人の幸福追求と衝突や対立する場合や、社会にはいくら自由に幸福追求したくても不可能な人もいる。その場合、衝突や対立を調整し、また最低限の幸福の基盤を確保できない人には、人間としての尊厳を保障するために必要なものを配分する必要がある。これらの対立や状態を放置すれば秩序は乱れ、社会は混乱し、安心して生活できなくなり、多くの人が損害を被る。この衝突や対立を調整し、分配の基準となるのが正義である。正義には、特定の決まった内容があるわけではない。正義の内容は、時代とともに変遷してきた。それがどの時代のどのような社会かによって決まる。現代社会では、多くの国家が資本制社会の下にある。そこでは、自由の保障を大前提とし、競争の必要性を認める。各人が、自由に活動し、互いに競い合ってこそ、より豊かな社会を築き上げることができるという考え方である。もちろん、その競争に敗れた者がそのまま放置されるのではなく、必要な範囲で生活が保障される。こうした理念の下で、国家や社会は運営されている。そうした自由を大前提としながら競い合い、競い合いに敗れた者、あるいはそのような競い合いに適さない者にも人間の尊厳を保障するという考えに立つ国家や社会における正しさの基準としての正義の内容は、公正・公平が最も適しているということになる。「幸福、正義、公正」の各概念と相互関係は、このように把握される。

1) 文部科学省『高等学校学習指導要領解説　公民編（平成22年6月）』教育出版、2010年、8頁、12頁
2) アリストテレスの幸福に対する考え方については、『現代の倫理』山川出版社、2003年、32頁及び小沼進一『アリストテレスの正義論――西欧民主制に活きる法理』勁草書房、2000年、76-79頁参照
3) 中島義明他編『心理学辞典』有斐閣、2005年、868-869頁
4) 現代の幸福論については、マズローの自己実現をベースにしつつも、その後の社会状況の変化を考慮して、さまざまな視点が提示されている。島井哲志「連載：幸福の

構造」『書斎の窓』有斐閣、2010 年 4 月号～ 2011 年 3 月号参照。この幸福論の連載は、これまで多く見られたキリスト教の視点から捉えるもの（ヒルティ／草間平作・大和邦太郎訳『幸福論』岩波文庫、1965 年）や、また新興宗教が信者獲得の観点から論じたものと異なり、心理学者の視点から現代的かつ日常的観点から幸福を論じておりきわめて興味深い。

5）小西友七・南出康世編『ジーニアス英和辞典（第 4 版）』大修館書店、2006 年、1071 頁
6）猪口孝他編『政治学事典』弘文堂、2000 年、565-566 頁
7）文部科学省・前掲注 1) 9 頁
8）小西友七他編『ランダムハウス英和辞典（第 2 版）』小学館、1994 年、946-947 頁
9）村松明監修『大辞泉』小学館、1995 年、901 頁
10）山田忠雄他編『新明解国語辞典』三省堂、2004 年、488 頁
11）小西他・前掲注 8) 916 頁
12）村松・前掲注 9) 496 頁
13）梅棹忠夫他監修『日本国語大辞典』講談社、1989 年、670 頁
14）村松・前掲注 9) 916 頁。なお、公正と公平の概念がほぼ同じ概念であるとする見解に対して、公正は正しさが焦点となり、公平の場合には平等が焦点となるとして、両者の区別を強く主張する見解がある。ホセ・ヨンパルト『正義の感覚・理論・実現──法律は正義を実現しているか』成文堂、2006 年、90 頁
15）我妻栄編『新法律学辞典』有斐閣、1978 年、65 頁、376 頁
16）後藤玲子「自由と必要──『必要に応ずる分配』の規範経済学的分析」『季刊・社会保障研究』国立社会保障・人口問題研究所、36 巻第 1 号、2000 年、38-39 頁

6　現代社会に影響を与えている正義論

　「幸福、正義、公正」の各概念とその相互関係を確認してきた。しかし「幸福、正義、公正」の概念を理解するには、これらの概念の中心となる正義についてしっかり把握しておかなければならない。すでに述べたように、正義の内容は、時代と社会によって異なる。また同じ時代、同じ社会経済体制下でも、正義に対する多様な考え方がある。同じ問題を扱う場合でも、そのいずれの立場に立つかによって、内実が大きく異なる。そこで最後に、現代の社会に影響を与えている正義論をいくつか取り上げ、少し詳しく見ておこう。

現代社会に影響力を持つ正義論として、アリストテレスの正義論、功利主義に基づく正義論、アメリカ合衆国の哲学者ジョン・ロールズの正義論、そしてわが国でも「ハーバード白熱教室」で有名になった同国のマイケル・サンデルの正義論を挙げることができる[1]。

(1) アリストテレスの正義論

正義について最初に体系的な考え方を明確に示したのは、アリストテレスである。彼の考え方は、現在でも政治学や法哲学に大きな影響力を持っている。

アリストテレスは、まず正義を広義と狭義に分けた。広義の正義とは、善き人が果たすべき義務全般という意味である。そして狭義の正義を配分的正義と矯正的正義（匡正的正義）に分けた。配分的正義は、名誉や財産の分配方法に関する原理である[2]。名誉や財産をどのように分配するのが正義にかなっているか判断する。名誉や財産の分配、すなわち報酬が各人の能力、成果、功績に応じて配分されるとき人々は正しさを感じる。つまり、貢献度に応じて報酬を分配するのが正義にかなうとする考え方が配分的正義である。一方、矯正的正義とは、犯罪や不法な行為によって当事者の間に生じた損害ないし不均衡の是正の調整方法に関する正義である。矯正的正義は、多くの場合、刑法や民法等の実定法によって具体的に示され実現される。

問題となるのは、配分的正義である。各人の持つ能力、達成した成果や功績にしたがって配分すれば、必然的に不均衡が生じる。その不均衡は各人の能力、成果、功績の結果として受け入れるべきことになるが、それが受忍すべき限度を超える場合、人々の間に不満が生じ、社会が不安定化し秩序が保てなくなってしまう。その場合、それを調整する必要が生じる。貢献度による分配を原則としながら、社会の不満を解消するためにどのような調整を行うことが正義に適うかが問題となる。いずれにせよ、アリストテレスは、配分的正義と矯正的正義の核心は一方に偏らないこと、すなわち公正ないし平等にあると考えた[3]。

その人の努力や貢献度に従って果実は分配されるべきである、という考え方に反対する人は少ない。自分の努力によって富を獲得し、それが社会にも

貢献するのであれば、それが認められるのは当然であろう。これに反対する根拠を挙げるのは難しい。それゆえに、アリストテレスの正義に対する根本的な考え方は、人の行為や政策・制度の適切性や妥当性を判断する基準として今でも多くの支持を得ていることは間違いない。

(2) 功利主義（Utilitarianism）の正義論

ベンサムやJ. S. ミルによって唱えられた功利主義に基づく正義論も、現代の正義論に大きな影響を与えてきた。

功利主義は、19世紀以降、英米系の倫理学や社会科学を支配してきた考え方である。個人の自由を強く擁護する思想として登場した。そして中世の封建的諸制度や慣習の拘束から個人を解放し、近代的自我の成立を可能とした。また個人や企業の自由な経済活動を促進し、資本主義経済の発展に寄与した[4]。経済の領域では、依然として強い影響力がある。

功利主義は、その人間観に特徴がある。そこでは、人間を快楽（幸福）を求め、苦痛（不幸）を避ける存在と捉える。したがって人間の幸福とは、快楽を増大し苦痛を減少することで、社会の構成員の利益（幸福）の総量を最大限にすること、すなわち「最大多数の最大幸福」が正義であるとする。この人間を支配する快楽と苦痛が、個人の行為や社会の制度、さらに政策の正しさを判断する基準になるとする[5]。

功利主義は、「最大多数の最大幸福」に象徴されるように、社会的協働によって生み出される利益の極大化を最も重視した。これがより多くの人々を幸福にすると考えたからである[6]。しかし一方で、全体の利益のためであれば少数者の利益が犠牲になっても仕方がないとする。つまり「最大多数の最大幸福」を実現するためなら、少数者の権利や自由の侵害も認めてしまう。また功利主義は、幸福の最大化が最大の関心事であり、社会の中で人々の協働によって生み出された利益の再分配問題には関心を払わないという問題がある[7]。

功利主義は、人々の行為や政策・制度の適切性がもたらされる効用、すなわち有用性（utility）によって決定されるという考え方である。経済は、人間の生活に必要な財貨・サービスを生産・分配・消費するのが活動である。功

利主義が経済活動と結びつき、多少の犠牲はあっても、人々の幸福を最大化する活動であれば正しいとする考え方が支持されやすいのは、今でも変わらないといえよう。

(3) ジョン・ロールズの正義論

1970年代以降、アメリカ合衆国において、大きな影響力を持ってきた正義に対する考え方は、ジョン・ロールズ（John Rawls）の正義論である。彼の正義論は、リベラリズムの思想を背景に持つ。したがって彼の正義論に入る前に、リベラリズムとは何か明らかにしておかなければならない。

①リベラリズムとは (Liberalism；自由主義)

リベラリズムは、個人の自由を可能な限り保障し拡大しようとする思想である。そのために、個人の価値や人格の尊厳を重んじる。経済上の市場原理、政治上の民主主義、思想上の個人主義を内包し、市民革命期の古典的自由主義の思想にそのルーツがある。古典的自由主義は、新興ブルジョアジー（市民階層）のイデオロギーとして、政治的には市民的自由の擁護・拡大、経済的には自由放任主義の主張として現れる。市民の自由に対する国家の干渉を排除し、自由に活動させることを目指した。その結果、産業革命を成功させ、経済的発展をもたらした。しかしその一方で、豊かな者はより豊かに、貧しい者は生存すら危ぶまれるほど貧しくなった。富の集中によって貧富の差が拡大し、社会を不安定化させることになった。そうした中で、個人の自由の尊重をベースにしながら、貧しい人々の生存をも保障する福祉国家の考え方が生まれてくるが、その考え方に論拠を与えたのがリベラリズムである。リベラリズムは18、19世紀的な古典的自由主義の自由放任がもたらす弊害を是正しようとしたが、それは社会主義論に基づく批判に対抗するためであった。個人の自由を重要視し、これを実質的なものとするために、国家・政府の介入による所得の再分配を容認する。これによって著しい貧富の格差を是正し、人々の自由を平等に保障しようとする。自由と平等の両立をめざす理論である。この考え方は、いわゆるニューディール以降、有力となっていった。

②ロールズの「公正としての正義」

　それでもアメリカ合衆国では、しばらくの間、社会全体の利益の増大のためならば、少数者の利益が損なわれても問題にしない功利主義の考え方が政策の柱となっていた。しかし 1960 年代半ば以降、公民権運動やフェミニズム運動など、少数者による権利要求運動の高まりとともに、こうした政策は反発を買い、これを克服する考えが必要となった[8]。このような状況下で、1971 年に『正義論』（*A Theory of Justice*）が出版され、功利主義に対抗する社会正義に基づく考え方として提示されたのが彼の正義論である。

　彼の正義論は、ロックやルソーの社会契約説を基礎に置く。自然状態では、人々は自由に生活していた。しかしこの自由は不安定なものである。人々の間に何らかの理由で争いが生じれば、簡単に奪われてしまう。そこで自由を確かなものとするため、人々が相互の合意によって社会を構築する。そしてその社会を規律するための原理が必要となる。それが正義であるとする。多様な考え方（価値観）を持つ人々が、自己の自由を守りながら共存するための原理、それが彼の「公正としての正義」である。

　彼は人が生きていくため、誰もが関わらざるをえない社会的条件があると考えた。それは、社会的基本財（primary goods）と呼ばれる自由、機会、所得、富、自尊心である[9]。この社会的基本財は、人間の生存にとって不可欠のもので、その分配方法には誰もが関心を持つ。これを公平に分配することが正義であるとした[10]。その方法として考え出されたのが「正義の二原理」である[11]。

　　第一原理：各人は他のすべての者の同様な自由と両立する限り、最大限、
　　　　　　　基本的諸自由に対し平等な権利を持つべきである（平等な自由の原理）。
　　第二原理：社会的・経済的不平等は、次の条件を充たす範囲でのみ許容
　　　　　　　される。
　　　（a）公正な機会の平等という条件の下で、役職や社会的立場に就く機
　　　　　　会がすべての者に開かれていること（公正な機会均等の原理）、かつ
　　　（b）最も恵まれない人の利益を最大化するとき（格差原理）、である。

この正義の二原理は、すべての人が自立して社会的協働に参加できる条件を整えるための社会的基本財の公正な分配を保障する制度的仕組みである。第一原理は、人がどのような生き方をしようとも、社会生活を営む上で必要な社会的基本財は人間的な生存に不可欠なものであるから、これらの基本財は平等に分配されなければならないという考えに基づく（平等な自由の原理）。自由を最も大切なものと考えるリベラリズムの考え方を根底に持ち、これを何よりも重視する。

　しかしたとえこの原理に従って基本的な自由を保障しても、所得や社会的地位に格差が発生することは避けられない。なぜなら現実には、個々人には生まれた境遇や生まれつき持つ能力に違いがあるからである。この差を無視するなら、いくらチャンスを与えても結果的に社会的、経済的格差が生じてしまう。この格差は、多くの人に受け入れられる程度のものである限り問題は生じない。だが受け入れがたい状態になった場合、その格差が是正（調整）されなければならない。これを放置すると社会の秩序は乱れ不安定化し、みんなが生活しにくくなってしまうからである。

　そこで、この社会的、経済的不平等を是正する措置をとる必要が生じるが、その措置が許されるのは次の場合である。まず、多くの利益を得ている人が、最も不利益を受けている人（恵まれない人）にその一部を分配し、不平等を是正する必要がある（格差原理）。これによって社会が安定化することで、不利益を受けている人だけでなく、多くの利益を得ている人も、不安のない生活を送るという利益を得ることができる。ただし、その分配は、役職（公職）や社会的地位を得ようとするすべての人にチャンスを均等に与えるのを阻害するものであってはならない（公正な機会均等の原理）。同じ能力を有しこれを利用しようとする意欲を持つ人は、出身階層にかかわらず同じチャンスが与えられるべきとするのがリベラリズムの考え方だからである[12]。

　正義の二原理は、第一原理、すなわち平等な自由の権利がすべてに優先し、第二原理では、(a)の公正な機会均等の原理が、(b)の格差原理に優先すると考える[13]。これがロールズの正義論の考え方である。

　このようにロールズは、正義の核心が公正、すなわち分配問題にあると考えた[14]。このロールズの正義論は、各国の社会保障政策などに少なから

ぬ影響を与えてきた。

　それではなぜロールズは、平等の前に、まず公正を用いたのだろうか。これが重要なポイントである。

　先に見たように、正義の概念は時代や社会によって変わる。それゆえに、正義を考えるときには、いつの時代で、どのような社会経済体制を採っているか考えなければならない。

　ロールズが生活の基盤としたアメリカ合衆国は、自由市場経済を基礎とする資本主義経済体制を採っている。この体制下のルールは、自由と競争を前提とし、各人がそれぞれの考えに従って自由に活動することを理想とする。そこではより良い社会を実現するために競争が欠かせないと考えられている。競争の結果、格差が生じても、それが著しいものでない限り、その結果は各人の努力の成果として認められることになる。こうした人々の自由な活動と競争を保証するルールが、公正なのである。

　正義の内実を考える場合、平等の概念を用いることも考えられる。しかし平等は、結果の平等という表現があるように、公正と異なり、もたらされる結果に踏み込む考え方がある。そのため、結果を予想し競争を制限する場合があり、それによって自由な活動が阻害されることがある。それを嫌い、まず自由な活動を保証し自由に競争させる。その上で、出た結果が許容できる範囲を超えた著しいものになった場合にのみ、これを差別として扱い、それを補償する。これが自由を大前提とするリベラリズムの考え方である。リベラリストであるロールズは、こうした考えに立って正義の二原理を提示したということである。

　人々の自由の尊重を大前提にし、社会的弱者への配慮も欠かさない。自由の尊重を優先しながら、社会的弱者のために政府が介入し、最低限の生活を保障すべきであるとする自由と平等の両立を目指す思想が、多くの人々に支持を受けるのは当然であるといえよう。

(4) マイケル・サンデルの正義論

　ロールズの正義論は、アメリカ合衆国における社会政策に大きな影響を与えてきた。現在でも、一つのベースとなっているといってよい。彼の社会正

義の考え方は、社会的弱者を救済する重要な論拠とされ、憲法解釈や裁判にも影響を与えてきた。しかし一方で、彼の正義論は個人を強調しすぎ、公共性を軽視しているとして批判された。ロールズの正義論を痛烈に批判してきた代表的論者が、マイケル・サンデル（Michael J. Sandel）である。

ハーバード大学教授で政治哲学者であるサンデルは、『リベラリズムと正義の限界』や『これからの「正義」の話をしよう——いまを生き延びるための哲学』を著わし、リベラリズムやリバタリアニズム批判を展開してきている[15]。彼のハーバード大学での講義風景は、「ハーバード白熱教室」としてテレビで連続放映され、難解な社会問題を事例に議論する授業ながら人気を博し話題となったことは記憶に新しい。我が国では、3.11の東日本大震災以降、「絆」という言葉の強調に象徴されるように、人々が他者とのつながりを求める社会状況が生まれ、サンデルの考え方が広く受け入れられてきている。

マイケル・サンデルは、コミュニタリアニズムの代表的論者の一人である。彼の正義論に言及する前に、コミュニタリアニズムとは何か明らかにしておかなければならない。

①コミュニタリアニズムとは（communitarianism；共同体主義）

コミュニタリアニズムは、共同体主義ないし現代共同体主義とも訳されるが、20世紀後半、アメリカ合衆国を中心にリベラリズムを批判する思想として登場する。リベラリズムの行き過ぎた個人主義を批判し、個人が生活するコミュニティ（共同体）やそこで歴史的に形成されてきた価値（伝統や慣習）を重視する立場である。リベラリズムが、個人の自由や権利を重視するあまり、人間を社会関係から切り離し、望ましい社会を構想する上で重要な条件となる善の問題（道徳的価値判断）を個人の選択に委ねてしまっている。こうした行き過ぎが、現代社会にさまざまな問題をもたらしているだけでなく、これらの問題の解決に有効な解答を用意できない要因となっている。またリベラリズムの根底には競争原理があり、個人間の競争ばかりが強調され、人々の間の連帯や相互扶助が軽視されることで人間関係が希薄化し、これによってさまざまな社会問題を発生させていると批判する。さらにリベラリズムは、すべてのものを個人の権利や自由の問題として扱う傾向が強い。しか

し多くの問題は、社会公共の問題として、コミュニティで協力し解決して行くべきであるとする[16]。

　コミュニタリアニズムはまた、リベラリズムがその論理を提供した福祉国家の考え方を批判する。福祉国家とは、市民の自由を守りつつ、社会保障政策や完全雇用政策等を通して国民の福祉を積極的に増進しようとする国家のあり方である。いわゆる「夜警国家」のように国家機能を安全保障や治安維持に限定せず、国民の権利や自由の保障のため、国家の積極的な関与を求める。市民の権利や自由の尊重を前提にしながら、それを享受できない社会的弱者に対し、政府が公的サービスを提供することによって社会的、経済的不平等を是正し、すべての人々に権利や自由を保障しようとするものである。人々の間の実質的平等を実現するためには、経済活動の自由に対する規制も認める[17]。

　個人の自由を重視する古典的自由主義は、資本主義経済の諸矛盾が噴出してくる19世紀になり、社会主義思想の批判に晒されることになった。自由主義とその経済的側面である市場経済の根底にあるのは競争で、たとえ法律によって個人の自由が保障されても、それを享受できるのは行使できる力のある者、つまり経済力を備えた者に限られる。財産のない者にとって、競争や自由はただの空論にすぎない。彼らが持つのは形ばかりの自由で、あるのは事実上、死ぬ自由だけである。個人の権利や自由は、所有する財産の多寡によって左右される。平等のないところには、本当の自由も存在しない、と批判された。そして、すべての者に権利や自由を平等に保障するためには、財産の私的所有（私有財産制）を否定して平等を実現する社会主義社会を建設しなければならないとした[18]。社会主義思想は、社会的弱者にとって魅力的な思想であり、じょじょに社会に浸透し始める。こうした流れに対抗し、資本主義経済を維持するために主張されたのが、福祉国家の考え方である。

　リベラリズムは社会的、経済的不平等を是正し、人々の間の格差を減らして実質的平等を実現するために、政府による公的サービスの提供と市場や経済活動に対する規制を認める福祉国家の考え方にその論拠を与えた。しかし福祉国家的政策を推進した結果、国家財政の膨張と非効率化による財政悪化、公的サービスの増大による政府部門の肥大化、政府が国民生活全般に介入す

る行政国家化、さらに自分では努力しない怠惰な人間を再生産してしまった[19]。またさまざまな規制によって、個人や企業は自由な活動が制限され、経済成長が阻害されるなどと批判されている[20]。こうした批判を展開する一つの思想がコミュニタリアニズムである。

②サンデルのロールズ批判

サンデルの議論は、ロールズの正義論を批判しながら展開される。彼の批判のポイントは、以下のようなものである。

第一に、正義論を導出するための認識や諸概念に対する批判である。ロールズの正義論は、社会契約論や「原初状態」「無知のベール」といった概念を前提として導出される。これらの前提が非現実的で、それ自体根拠のないものであるとする[21]。

第二が、ロールズの人間観への批判である。ロールズは人間を自律した存在とみる。人間は共同体に所属していても、そこから一切の拘束を受けず、すべての事柄の決定は個人の自由な選択に委ねられているとする（負荷なき自己）。ロールズのこうした人間観に対して、サンデルは非現実的で誤りがあるとする。人間は家族、地域、民族、国家などの共同体の一員として生まれる。そのどこに生まれるか選択することはできない。すでにある家族の元に生まれ、その一員として育つ。家族だけではなく地域、民族、国家、人種、宗教もまた同じである。自ら選んで生まれてくるわけではない。選択せずに所属しているのである[22]。その中で教育を受け、自我が形成され、そして担い手として役割を果たすようになる。つまり人間は、さまざまな共同体の中に偶然に生まれ、その影響を受けながら成長して行く存在である。その共同体には、歴史的に形成されてきた伝統や慣習（共通善）がある。人間は、その社会の過去（歴史的に形成されてきた伝統や慣習）を背負って生まれてくるもので、伝統や慣習が所属する個人の価値観の形成（アイデンティティ）に大きな影響を与えている。自分が完全に独立した意志であらゆることを判断していると思っても、その認識は誤りである。その人間が属する共同体の中で身に付いた価値観や行動様式の影響を受けながら判断しているのである。このように、ロールズがいうような社会の制約を一切受けない自由で自律的な人間（負荷なき自己）など存在しない。ロールズの人間観は、非現実的である

とする。そしてサンデルは、人間が生まれた共同体の影響を受け、その中で何が共通の善か学び、価値観や行動様式を身に付けていく存在であることを強調する。

　第三に、ロールズの社会観への批判である。ロールズは、社会を個人の権利や自由を保障する手段と考える。これに対して、それぞれ社会には歴史的に形成されてきた独自の価値観がある。そして社会は、そこに所属する人間がその社会の目的、すなわち歴史的に培われてきた伝統や慣習（共通善）を身に付ける場であり、それを実現する場である。リベラリズムが、社会を個人の権利や自由を実現の手段と捉えること、また共同体で形成されてきた伝統や慣習が個人の自由の実現を妨げると考えることは誤りであるとする。

　第四に、正義論から共通善を排除することへの批判である。ロールズの正義論には、共通善、すなわち共同体において共有された善が含まれない。多様な価値を持つ人々で形成される社会において一つの価値判断を示す共通善は、これを善と考えない個人に特定の価値判断を強制するもので、それらの人々の権利や自由を侵害することになるとする。しかし上記のような人間観や社会観との関係から、ロールズの考えは誤りであるとする。共通善とは連帯、相互扶助、友愛など社会の共同性をもたらすもので、正義の重要な一部を構成し、社会の正しいあり方（個人の行為や社会制度の正しさ）を判断する際の基準となるとする[23]。

③サンデルの正義論の特徴

　コミュニタリアニズムは公共的な徳、つまり美徳を共通善として、その実現をめざす政治思想である[24]。コミュニタリアニズムの正義観は、リベラリズムが共通善、共同体において共有された価値、ないしその社会の道徳的価値を正義論から排除している点を批判し、共通善が正義の重要な構成要素であるとする点に特徴がある[25]。人がある社会に生まれ生活している限り、その社会が歴史的に培ってきた伝統や慣習（道徳的価値判断）がその人の生活を規律するのは当然で、これらが正義の一部を構成することも当然であると考える。したがって、その共同体が培ってきた伝統や慣習（共有された善）が正義の一部を構成し、これにしたがって人の行為や社会制度の正しさが判断されることになると考える。本来、人間は特定の歴史を持った家族、地域社

会、国家などの共同体に属している。そしてその所属は、自己の自発的意思に基づく選択の結果ではない。そこに所属する人間は、特定の歴史を持った家族、地域社会、国家が生み出してきた伝統や文化の影響を受けており、その人間のアイデンティティを作り上げている。いかなる影響も受けない人間など現実に存在しない。そこで共有されている価値、すなわち共通善（道徳的価値）の実現がそこに所属する人間の目的とされ、そのための連帯や相互扶助、自己犠牲などの行為が美徳とされる[26]。この社会の目的、共通善を実現することが、正義のねらいであるとする。サンデルは、こうした考え方に依拠している。

今、サンデルの正義論は、広く受け入れられている。しかし彼の理論が依拠するコミュニタリアニズムの考え方にも批判が少なくない。現実には、社会の目的（共通善、特定の道徳的価値）の実現によって、個人の権利や自由が侵害される状況が多々見られるからである。共通善の実現のためには、たとえ権利や自由が侵害されてもそれを甘受しなければならないのかという問題がある。そしてまた、そもそも共通善とは何なのかという点などが問題とされる[27]。

社会の中にある連帯や相互協力によって社会の諸問題を解決していこうとするのがコミュニタリアニズムの考え方である。財政危機の中、政府による無制限なサービスの提供はもはや限界に来ている。自由が尊重され、経済的に豊かであるにもかかわらず、社会から孤立し排除される人が増えている。富の集中と格差の拡大によって連帯が薄れてきている中で、この考え方が多くの人の支持を得てきている。とりわけ我が国では、1995年1月17日の阪神・淡路大震災や2011年3月11日の東日本大震災という未曾有の震災の中で、人々のボランティア活動や絆によって危機に対処したという経験から、この考え方が支持されるのは当然の成り行きなのかもしれない。

1) ここでは紙幅の関係上、触れることができなかったが、本来ならば、この4つの正義論の他に、現代の社会において影響を与える正義に関する考え方として、リバタリアニズム（自由至上主義）に基づく正義論を挙げなければならない。リバタリアニズムはリベラリズムと同じく、個人主義に立ち個人の自由を強調する考え方である。し

かしリベラリズムと異なり、自由をすべての事柄に優先する。そして自由を守るため、国家の関与を最低限度にする。その結果、自由が損なわれても本人の責任と考え、政府の介入による自由の確保を認めない。この考え方は現在、その亜種であるネオ・リベラリズム（新自由主義）として米国、イギリス、日本などの経済政策、社会政策、教育政策にも大きな影響を与えている。詳細については、別稿に譲りたい。

2）猪口孝他編『政治学事典』弘文堂、2000年、567-568頁
3）小沼進一『アリストテレスの正義論――西欧民主制に活きる法理』勁草書房、2000年、117頁
4）川村尚也「リベラリズム、リバタリアニズム、コミュニタリアニズムと組織的知識創造――多文化社会における知識創造のための多文化組織へのアプローチ」大阪市立大学経営学会『経営研究』第52巻第4号、2002年1月、3頁
5）中谷猛「自由主義論の現在――問題整理のための覚え書」『立命館法学』245号、1996年1月、80頁
6）ベンサムやJ. S. ミルは、「最大多数の最大幸福」とする効用原理を社会改革の原理（公共政策の目標）とし、この実現が社会的正義であるとする功利主義を確立した。功利主義は、すべての価値評価を快楽と苦痛に求め、快楽が善で苦痛を悪とする。行為や制度の価値は、もたらされる結果・帰結から判断される。多数の者に幸福をもたらす効用は、数的に測定可能で、結果の良し悪しは効用の総和の大小で判定されるとする。須賀晃一他編『公共経済学』勁草書房、2004年、174-75頁
7）大学教育社編『現代政治学事典（新訂版）』ブレーン出版、1998年、302頁
8）宮内寿子「ロールズ『正義論』における自由の優先順位」『筑波学院大学紀要』第4集、2009年、159頁
9）ジョン・ロールズ、エリン・ケリー編／田中成明他訳『公正としての正義　再説』岩波書店、2004年、99-105頁
10）平木幸二郎他『倫理』東京書籍、2003年、176頁
11）「正義の二原理」については、さまざまな訳があり、訳者によって異なっている。より精緻化を意識して訳すと内容がつかめず、簡略化を意識して訳すると本来のねらいを損ねるおそれがある。本稿は、政治学や法律学に関する専門的な研究を対象としたものではないため、厳密な把握よりそのエッセンスを捉える方を重視した。なお、「正義の二原理」の訳については、ジョン・ロールズ／川本隆史他訳『正義論（改訂版）』紀伊國屋書店、2010年、84頁参照。
12）同上 76-77頁
13）同 75-76頁
14）宮内・前掲注8）164頁
15）マイケル・サンデル／菊池理夫訳『リベラリズムと正義の限界』勁草書房、2009年、同／鬼澤忍訳『これからの「正義」の話をしよう――いまを生き延びるための哲学』

早川書房、2010 年
16) コミュニタリアニズムの考え方を理解する上で、孤独死（孤立死）問題が一つの素材を提供してくれる。現代の日本では、誰にも看取られず一人死んでいく孤独死が社会問題となっている。孤独死は、人間関係を築いてこなかった本人が招いた結果であるといえなくもない。しかしこの問題は、完全になくすことは不可能であっても、地域の住民の連帯や相互協力によって減らすことができる。こうした社会の連帯や協力関係を重視するのが、コミュニタリアニズムの考え方である。
17) 中谷・前掲注 5) 11 頁
18) 同上 6 頁
19) 川村・前掲注 4) 5-6 頁
20) 中谷・前掲注 5) 10 頁
21) 岡本仁宏「コミュニタリアンのリベラリズム批判――アメリカ政治哲学研究における一局面（1）」関西学院大学法政学会編『法と政治』第 43 巻第 2 号、1992 年 6 月、421 頁
22) 同上 422 頁
23) マイケル・サンデル／鬼澤忍訳・前掲注 15) 335-336 頁
24) 小林正弥「終章　コミュニタリアニズムのフロンティア――その到達点とビジョン」小林正弥・菊池理夫編著『コミュニタリアニズムのフロンティア』勁草書房、2012 年、306 頁
25) マイケル・サンデル／鬼澤忍訳・前掲注 15) 336 頁
26) 岡本・前掲注 21) 422 頁
27) 森村進「マイケル・サンデルのコミュニタリアン共和主義」『一橋法学』第 11 巻 2 号、2012 年 7 月、420、425 頁

　　ある社会の中で歴史的に形成されてきた伝統や慣習（共通善）が、個人の権利や自由を侵害すると考えられる実例を挙げてみよう。

　　2013 年 6 月、ロシアにおいて同性愛宣伝禁止法が制定された。同法は、未成年者を非伝統的な性的関係に関する情報から守ることが目的となっている。しかし同法の解釈から、同性愛者が公然と交際をしたり、不特定多数の人々が集まる場所で同性愛について語ることも処罰の対象となりうる可能性があるとされている。この法律は、「伝統的な性的関係」という特定の道徳的価値（共通善）を実現するために、同性愛を非伝統的な性的関係と位置付けて規制することで、同性愛者への差別や個人の性的志向の自由を制限することになると批判が出ている（『朝日新聞』2014.8.19 付）。イランでは、イスラム教の戒律により夫婦以外の性行為が法的に禁止されている。違反した場合、既婚者は石打ちによる死刑、未婚者なら鞭打ちの刑が科される。この刑自体、その妥当性が人権の観点からは問題となろう。またイランでは、結婚していない男女間の交際も禁止する。その結果、もし未婚の女性が出産しても、出生届は受理

されず、その子どもは無国籍となる。自分に責任のない子どもが国籍を得られず、その国籍を取得する権利を侵害することになる。法律により妊娠中絶は母体に悪影響がある場合に限られているため、未婚の女性は違法な中絶を受けなければならず、母体に悪影響を与えている。伝統的に見合い結婚が主流で、結婚まで異性と付き合ってはならないという宗教の価値観があり、学校での性教育は宗教的タブーに触れるとして踏み込めないなど、さまざまな制限が課されている（『朝日新聞』2013.8.13 付）。仏教徒が多数を占めるミャンマーでは、イスラム化を懸念して、仏教徒女性とイスラム教徒男性間の結婚を規制する「民族保護法」と称する婚姻規制法の成立に向けて努力している僧侶がいる。この法律が成立すれば、仏教徒とイスラム教徒間の結婚が法的に認められなくなり、個人の婚姻の自由が侵害される恐れがある（『朝日新聞』2013.8.14 付）。インドのヒンドゥー社会では、夫を亡くした女性を不吉な存在とみなす伝統が根強く残っている。そのため夫を亡くし家から追い出された寡婦が、インド各地から北部のヒンドゥー教の聖地ブリンダバンに集まってきているという。伝統によって彼女たちの生存権が危機にさらされているということができる（『朝日新聞』2013.8.19 付）。

　このように、歴史的に形成されてきた伝統や慣習が個人の権利や自由を制限する状況が、世界の各地で依然として存在しているのが現状である。このような問題点が、コミュニタリアニズムの弱点である。こうした事例に対する再反論としてサンデルは、共通善の内容は固定的なものではなく、皆が熟議や政治参加を通して共通善の内容を探求していけばよいと主張としている。菊池理夫『共通善の政治学──コミュニティをめぐる政治思想』勁草書房、2011 年、202 頁

むすびに代えて

　新学習指導要領によって大きく変わった「現代社会」が、2013（平成 25）年度から実施されている。グローバル化が進展する時代に求められる新しい国際的な学力基準を具体化した新学習指導要領は、基礎的、基本的な知識、技能の習得だけでなく、活用力の育成を強く求めており、「現代社会」をこのねらいに沿った授業実践に結び付けるための基礎的作業として、学習指導要領改訂の背景要因を探り、新「現代社会」の内容および構成を確認し、さらにキーワードになっている「幸福、正義、公正」の各概念と相互関係を明確にし、そしてその中心概念である正義に関する議論を簡潔に示した。
　新学習指導要領は、国際的な学力調査の影響を最も受けた学習指導要領で

あるといってよい。

　OECD は、1990 年代末より、グローバル化や知識基盤社会化など社会構造が急激に変化する時代に求められる新しい時代の学力を明らかにし、それを測定する教育指標を作成するために DeSeCo プロジェクトを立ち上げ調査を行い、その報告書でキー・コンピテンシーという新しい能力概念を示した。「単なる知識や技能だけではなく、技能や態度を含む様々な心理的、社会的なリソースを活用して、複雑な要求に対応できる能力」と定義されたキー・コンピテンシーは、道具を相互作用的に活用する力、異質な集団で交流する力、自律的に行動する力、の3つの領域に分類された。OECD はさらに、この中の道具を相互作用的に活用する力が各国で育成されているかどうか確認するため、義務教育終了段階の 15 歳の生徒を対象とした「学習到達度調査」（PISA 調査）を実施して測定してきた。PISA 調査は、2000 年に第 1 回調査が行われた後、3 年ごとに重点を変えながら実施されているが、日本は 2000 年調査から参加し、数学的リテラシーが 1 位、科学的リテラシーが 2 位、そして読解力が 8 位と上位を占めた。しかし 2003 年調査では、科学的リテラシーが 2 位と上位を保ったものの、数学的リテラシーは 6 位、そして読解力は 14 位と順位を大きく下げ、知識はあるが活用力に問題があり、学習意欲が低く、生徒間の格差が激しく、問題解決力（2003 年のみの調査）も不足しているなどの問題点が指摘された。この結果は「PISA ショック」として、日本の教育関係者に大きな衝撃を与えた。

　この間、我が国では、1998 年及び 1999 年に学習指導要領が告示され、2002 年から実施された。「ゆとり教育」の中で「生きる力」を育むことを目的としたこの学習指導要領は、学校教育に時間的、精神的ゆとりを持たせるため、学習内容を平均 3 割削減したため、告示直後から学力低下批判が起こり、実施直後の 2003 年には「確かな学力」の育成を図る目的で一部改訂が行われた。この改訂は、2003 年の PISA 調査と同じ年に行われたが、PISA 調査の結果が 2004 年に公表されたため、改訂に直接影響を与えるものではなかった。しかし 2004 年以降、学力低下をめぐる論争に終止符が打たれ、文科省は「ゆとり教育」から学力向上へと政策を転換して行く[1]。

　2006 年 12 月の教育基本法の改正を受け 2007 年 6 月に一部改正された学

校教育法は、第30条２項において、教育の目標として、①基礎的、基本的な知識、技能の習得、②これらを活用して課題を解決するために必要な思考力、判断力、表現力その他の能力の育成、③主体的に学習に取り組む意欲の育成、を目標として掲げ、それを意識した教育を行うことを求めた。特に②の「これらを活用して課題を解決するために必要な思考力、判断力、表現力その他の能力の育成」は、PISA調査の読解力（リテラシー）を読み替えたものである。

そして今回の学習指導要領の改訂を審議した中央教育審議会は、2008（平成20）年１月に答申を出し、グローバル化の進展と知識基盤社会化の中で求められる学力を確認し、基礎的、基本的な知識、技能の習得とともに活用力の育成を重要なポイントに挙げ、改訂の柱とした。さらに今改訂の特色として５項目を示したが、その一つとして基礎的、基本的な知識、技能の習得と思考力、判断力、表現力等の重視を掲げた[2]。これらの学力を育成するために７つの留意事項を示し、その筆頭に言語活動の充実を掲げた。言語活動の充実は、2003年PISA調査によって指摘された活用力の不足を改善するための方策である。言語は、知的活動、コミュニケーション、感性や情緒などあらゆる教育活動の前提で、言語に関する能力を育成することが思考力、判断力、表現力の育成につながり、その能力の育成のためには言語活動の充実が必要であること、また言語活動自体が一つの活用でもあるとの認識を示した[3]。中教審は、DeSeCo報告書で示され、PISA調査によって測定され、そして改正学校教育法によって確認されてきた新しい国際的な学力をカリキュラムとして具体化した。

これらを背景に、新「現代社会」も大幅に組み替えられた。２つの大項目で構成されていたものが３つになり、その導入部で現代社会の諸課題を捉えこれからの社会の在り方を考察する思考の基盤となる「幸福、正義、公正」の各概念を理解させるとともに、「生命、情報、環境」などの現代社会の諸課題を探究する活動の中で、それらの概念に基づく思考方法を身に付けることを求めた。また残りの２つの大項目でも、その思考法を用いて課題を考察・探究する学習活動を求めている。このように、「幸福、正義、公正」の概念に基づく思考が、新「現代社会」を貫くキーワードとなっている。

習得した知識を用いて思考し、判断しながら課題を解決するという活用を強く意識した学習活動の展開である。新「現代社会」で求められている学習活動には、こうした背景と意味があることを改めて確認しておくことが大切である。

「ハーバード白熱教室」で有名になったマイケル・サンデルの『これからの「正義」の話をしよう――いまを生き延びるための哲学』が、難解な哲学問題を扱いながら多数の読者を獲得したのは、具体的事例を用い、分かりやすく考えられるよう工夫したことにもよるが、それだけではない。急激に変化し混迷を極める状況の中で、社会の在り方をめぐり古くて新しい正義に関する議論が求められているからであろう。

「幸福、正義、公正」は、現代社会の諸課題を捉え望ましい社会の在り方を展望する際の思考の枠組みである。「幸福、正義、公正」の各概念と相互関係については、『高等学校学習指導要領解説　公民編』においておおよその内容が示されているものの、容易に理解できる概念ではない。そこで新「現代社会」の授業実践の一助とするため、本稿では「幸福、正義、公正」の各概念と相互関係を確認し、かつこれらの中心である正義に関する考え方の中から、現代社会に強い影響を与えている正義論を取り上げその基本的な考え方を整理した。

しかし正義に関する考え方は多様である。貢献度に応じた公正な分配を正義とするアリストテレスの正義論、たとえ少数の犠牲者を出してもそれが多くの人々に幸福をもたらす効果があるものならそれを正義とする功利主義の正義論、個人の自由の尊重や自由競争を前提としながら社会の安定のために競争に敗れた人々の尊厳にも配慮して公正な分配を行おうとするロールズの正義論、そしてそれぞれの社会で歴史的に形成されてきた善きもの（公共善）を柱に据えながら社会の連帯を強調して正しさを判断しようとするサンデルの正義論など、いろいろな考え方がある。これらのどの立場に立ち課題を考察するかによって示される解決策が異なってくる。

解説書で言及されている正義に対する考え方は、ロールズの考え方に近いものと理解できる[4]。しかし新学習指導要領改訂の背景要因として挙げられた改正教育基本法は、教育の基本理念を示す前文第2段と教育の目標を規

定する第2条の1項3号において「公共の精神」を新たに規定した。また新「現代社会」はこれを受ける形で、課題探究活動を求める大項目「(3) 共に生きる社会を目指して」において、「共に生きる」という観点からの課題探究を求めている[5]。これらは「公共性」を強調するもので、サンデルの正義に対する考え方に近いものといえる。

　新「現代社会」の授業の成否は、キーワードであるこの「幸福、正義、公正」の各概念を理解させ、かつこれらの概念に基づく思考法をいかに身に付けさせることができるかにかかっているといっても過言ではない。その中心概念となる正義に対する考え方のすべてを高校生に伝えることは困難であるが、少なくても正義に対する考え方に違いがあること、そしてそのどの立場に立つかによって課題に対する解決策が異なることを、具体例を用いながら伝えていくことが求められるであろう。

　したがって、これをしっかり定着させる授業づくりが重要となる。しかし限られた授業時間、そして事務処理の量が増え日々多忙化する中でそれを行うことは簡単ではない。それでも避けて通ることはできない。現代社会の諸課題の中から身近で具体的な事例を拾い出し、「幸福、正義、公平」の観点から思考、判断させることによってこれらの概念を理解させるとともに、その思考法を身に付けさせることができる授業を提供しなければならない。程なく有権者となる高校生にとって、こうした認識と思考、判断の訓練が極めて重要だからである。その意味で、「幸福、正義、公正」に基づいた思考、判断を行わせる授業案を示したかったが、今回は残念ながら、紙幅の関係上断念せざるを得ず、授業実践の前提となる基本的な認識を示すにとどまった。

　しかしすでに一つの授業構想を持っている。臓器移植医療をめぐる授業案である。1997年に制定された臓器移植法は、2009年に改正され、提供される臓器量を増やす目的で親族への臓器優先提供を認める制度を新たに導入した。まだわずかではあるが、改正のねらい通り移植用の臓器が増えつつある。しかしこの法改正は、臓器移植法が拠って立つ臓器の公平な分配原則に真っ向から対立する制度である。限られた臓器が、親族という理由だけで、長い間待ち望んでいた患者を飛び越えて優先的に提供されることになるからである。臓器移植以外に治療法のない患者たちにとって、移植を受け健康を取り

戻すことが幸福となる。その臓器量を増やすためならば、少しばかり公平性を損ねても問題はないと考えることが正しいのか、あるいはあくまでも提供される臓器は親族か否かといった属性とは無関係に公平に分配されるのが正しいのか、どちらがより正義に適うのか、新たな議論を導き出すことになった。この改正臓器移植法をめぐる問題を「幸福、正義、公正」の観点から考える授業案は、別稿に譲りたい。

1) 松下佳代「PISAで教育の何が変わったか——日本の場合」教育テストセンターCRETシンポジウム報告書、2012年12月、5頁
2) 中央教育審議会／工藤文三・解説『平成20年版中央教育審議会答申——全文と読み解き解説』明治図書、2008年、3頁
3) 同上54-55頁
4) 文部科学省『高等学校学習指導要領解説　公民編（平成22年6月）』教育出版、2010年、9頁
5) 同上20頁

2

平和学習教材としての「従軍雑観」

蔭山雅博

■ はじめに

　ここ十数年来、いわゆる「従軍日記」類の翻刻・公刊が相次いでいる。日清・日露戦争、日中戦争、アジア太平洋戦争に徴兵された兵士、およびこれに従軍したジャーナリスト[1]などが現地で綴った日記、メモ、詩歌、川柳、俳句などがそれである（以下「従軍日記」と略記）。本稿では百有余年の時を超えて日の目を見る日露戦争期の「従軍日記」を取り上げ、これの歴史学習上における意義について若干の考察を加えるものである。

　さて、この時期の「従軍日記」の翻刻・公刊が相次ぐ背景にはロシア帝国に勝利した明治日本に対する根強い憧憬が人々に内在しているように思われる。司馬遼太郎の大作『坂の上の雲』が一つの契機となったであろう。しかしながら、「従軍日記」の執筆者の遺族や関係者の多くは、明治日本に対する憧憬に浸っているわけではなく、むしろ日本の平和を脅かそうとしている現況に心を痛め、これの翻刻・公刊を現況改善の契機としたいとの思いが強く働いているように思われる。本稿で紹介する「従軍雑観」の著者小林健吉[2]の遺族小林秀氏もその一人である。「教育者として戦争（注：日露）というものを見ておきたい」との理由により、揚州東文普通義塾教習（注：揚州日本語学校教員）を辞し、上海日報社[3]の従軍記者に転身、「屍るいるい」たる戦場を駆け巡り両国軍の交戦能力の実際を把握しようとした父の意図はなにか、無名民間人や兵士のとった命懸けの言動を日露戦争の総体のなかで相

小林健吉（前列向かって右）と揚州東文普通義塾の日本教習（1902年）

対化してほしいとの願いが込められているように思われる。

1 「従軍日記」の類型と概要

　ここではすでに公刊されている日清・日露戦争に関わる「従軍日記」を取り上げ、それらを３分類しそれぞれの特色を紹介してみよう。

(1) 実際に敵兵と干戈を交えた兵士によって記録されたもの
　（ア）山口梁裟治『山口梁裟治日清・日露戦争従軍日誌』[4)]、（イ）茂沢祐作『ある歩兵の日露戦争従軍日記』[5)]、（ウ）長畑亀太郎『日露戦争従軍記──恭子の祖父亀太郎の従軍記』[6)]、（エ）向田初市原著・向田悌介編『一下士官の日露従軍日記──老爺嶺頭の寒月』[7)]、（オ）谷口甚吉『日露戦争従

軍記』[8]、(カ) 横山篤夫・西川寿勝編『兵士たちがみた日露戦争——従軍日記の新資料が語る坂の上の雲』[9] がそれである。もとより、日本軍には厳しい軍紀があり、その下で規律正しい軍隊生活が営まれていた。とくに兵士からの、あるいは兵士宛の書簡類（軍事郵便）の検閲は厳しく、投函前、および配布前には必ず開封された。しかしながら、奇異なことに、管見の限り日記、メモ帳等の取り扱いに関する規則を軍紀に見いだすことはできないようである。それが幸いしたのであろうか、兵士のなかには所属連隊の詳細な戦況を日記、メモ帳、その他の紙媒体等に記録するものが少なからず現れたのである。向田初市原著・向田悌介編『一下士官の日露従軍日記』によれば、「従軍日記」は当初「小型帳面やくしゃくしゃに折りたたまれた半紙」あるいは「黒布表紙中型の手帳」に「毛筆細字をもって片仮名まじり楷書で」記録され、軍務の余暇や休戦時を利用して整理・清書されたという[10]。なかには、戦略・戦術やその成否の記録、前線と指令本部の通信方法、食糧の調達方法、弾薬の補給方法、休戦時における兵士の娯楽、氷点下の南満州地方における食事と排泄の実際、戦争の長期化に伴って発生する兵士の厭戦的雰囲気などが記されている[11]。機密事項あるいはそれに順ずる事項が、ある程度詳細に記録されているのである。こうした内容を有する「従軍日記」はおそらく検閲を受けることなく持ち帰られ、土蔵や納戸などに長きにわたり保管されたのであろう。それでは何のために、誰のために秘蔵されていたのであろうか。明らかにすべき今後の課題である。

(2) 新聞社・雑誌社などから派遣された従軍記者により記録されたもの

(ア) 田山録弥（花袋）『第二軍従征日記』[12]、(イ) 小林健吉『従軍雑観』、(ウ) 岡本敬二（綺堂）[13]、(エ) 半井洌（桃水）[14]、などがそれである[15]。もとより彼らの使命は戦況報告記事を軍部の検閲を経てできる限り早く本社や雑誌社に送り届けることであり、このため「従軍日記」をまとめて公刊する遑（いとま）はなかったようである。田山録弥により『第二軍従征日記』が1905（明治38）年1月に公刊されたのは異例中の異例である。「皇威の到る処、草木皆靡くという盛んなる光景」[16] を国民にいち早く伝えたかったからであろう。その反面、田山の従軍日記の大半は悲惨な戦闘結果に関する記述で蔽われて

いた。ところで、軍事作戦を展開する司令部にとって、従軍記者はどのような存在であったのであろうか。司令部や連隊本部からみれば、彼らは邪魔な存在であった。軍の当直士官や将官に食らいつき機密事項（特ダネ）を少しでも多く引き出させることに命をかけていたからである。そのためか、岡本敬二によれば従軍記者は「軍夫のような扱いをうけた」という。軍の管理部から従軍記者に提供される食事も量的に少なく、毎回「米の飯に、牛缶と福神漬けの漬物」であったという。戦況により、「飯盒の米の生煮え」を口に押し込んで糊口を凌ぐこともあった。入浴場所が確保できない場合、あくたの浮遊している池や湧水池、濁った狭い河川を利用するしかほかに方法がなかったようである。記者の命ともいえる筆記用具は「鉛筆ではなく小さい毛筆を持っていき、記事も巻紙に書き付けた」という。開戦前夜となり地方新聞社からも従軍記者が派遣されてくると、陸軍省、海軍省ともに「従軍記者心得」を告示、規則を遵守することを命じた。とりわけ、第11条「従軍者の通信書（通信文私書電信等を総称する）高等司令部において指示せる将校の検閲を経たる後に非ずんば之を発送することを得ず……」とする条文が重視された。こうした環境と制約のなかで従軍記者は戦況報告を収集・整理しこれを派遣元に届けなければならなかったのである[17]。

(3) その他

　代表的なものに、戦地に倒れた兵士の霊を慰めること（修行）をとおして兵士に対する布教を目指した釈宗演の『降魔日史』[18]がある。布教使による「従軍日記」の多くは「不殺生戒を守るべき僧侶が、殺生のただ中に行」き、「不殺生戒と殺生をどう捉えるか」をめぐって自問自答し、これに苦しむ姿が描かれている。

2　新資料としての「従軍雑観」

　すでに述べたとおり、上海日報社から派遣された小林健吉の『従軍雑観』は他の「従軍日記」とは異なり、独特な雰囲気を醸し出している。確かに従軍記者としての活動期間はそれほど長くはなく、活動範囲は決して広くはな

かった。しかしながら、性格と相俟って戦況報告はその精細さにおいて他の追随を許さなかったという。また直感も鋭く、敵軍の戦略を読み取る一方、日本軍の取るべき戦略を描くことができた。これらが高く評価されたのであろう、『従軍雑観』には司令部や連隊を指揮する士官・将官との意見交換の場面がしばしば登場する。中国通の小林健吉に士官・将官がロシア軍に勝利する方策を清国（中国）領土内で尋ねるという場面、義和団戦争以後の清国の政治状況や清国政商の経済活動の特質などを尋ねるという場面がそれである。多くの「従軍日記」の場合、記述内容の大半は戦況であり、生命の危機に瀕した状況からどのように回避したか、いかにして大きな手柄を立てたのか、などがしばしば語られている。これらとはひと味違った「従軍日記」、近代中国研究にも匹敵する『従軍雑観』を一読して頂きたい。

(付記) 本稿執筆に際し、小林健吉さんのお孫さんにあたる小林秀さん、千葉県芝山町立芝山古墳・はにわ博物館学芸員奥住淳氏（本書第6章執筆）に多大のご教示とご援助を受けた。この場を借りて御礼を申し上げます。

注

1) 周知の通り、従軍したジャーナリストを従軍記者と呼ぶが、報道機材の発達に従い、画家やカメラマンなどもこれに含まれた。彼らは各新聞社派遣の記者であり、戦況を記事にまとめていち早く本社に送ることが使命であった。村松正義によれば、従軍記者は各社とも原則1名、陸軍省の定めた「陸軍従軍記者心得」、および海軍省の定めた「海軍従軍記者心得」に従って取材活動を行うことが求められた（「日露戦争と外国新聞従軍記者」外務省編『外務省調査月報』2004年、No.2）。なお、日本における最初の従軍記者は台湾出兵（1874年）に同行した『東京日日新聞』（1943年、『毎日新聞』に統合される）の記者岸田銀次（吟香）であるという。
2) 小林健吉（1863.旧暦1〜1928.4）　長野県生まれ。東京高等師範学校卒業後、揚州東文普通義塾教習（揚州日本語学校教員）となり、同学堂において日本語および近代教科を教授。日露戦争後、長野師範学校に勤務。1907（明治40）年3月、長野師範学校内に信濃宏文学院が開設されるや舎監となり、中国人留学生教育に従事した。
3) 1904（明治37）年7月、上海新報社を買収した井手三郎により上海日報社と命名され、上海在住の日本人を対象に日刊紙『上海日報』を発行した。
4) 山口裂裟治『山口裂裟治日清・日露戦争従軍日誌』信毎書籍出版センター、2012年

5）茂沢祐作『ある歩兵の日露戦争従軍日記』草思社、2005 年
6）長畑亀太郎『日露戦争従軍記――恭子の祖父亀太郎の従軍記』自費出版、1931 年
7）向田初市原著・向田悌介編『一下士官の日露従軍日記――老爺嶺頭の寒月』にっかん書房、1979 年
8）谷口甚吉『日露戦争従軍記』谷口三郎、1981 年
9）横山篤夫・西川寿勝編『兵士たちがみた日露戦争――従軍日記の新資料が語る坂の上の雲』雄山閣、2012 年
10）向田悌介編『一下士官の日露従軍日記』にっかん書房、1979 年 5 月、1 ～ 2 頁
11）山口裂裟治『日清・日露戦争従軍日記』信毎書籍出版センター、2012 年
12）田山録弥（花袋）『第二軍従征日記』博文館、1905 年
13）岡本敬二（綺堂）、半井洌（桃水）の従軍日記は東京日日新聞に連載されたが、後日まとめられて公刊されることはなかったようである。なお、岡本綺堂（1872 ～ 1939）は帰国後、戯曲家となり『修善寺物語』『番町皿屋敷』などの名作を残す一方、小説『半七捕物帳』等の時代小説で人気を博した。
14）半井桃水（1861 ～ 1926）も東京日日新聞に「啞聾子」「しぐれ縁」「海王丸」等を連載し、新聞小説家としての地位を確立した。代表作に小説「胡沙吹く風（1893 年）がある。
15）開戦すると有力新聞社のみならず余力のある地方新聞社も従軍記者を派遣した。福島民報社は久保蘇堂、近江新報社は山崎記者を送り出している。
16）田山録弥（花袋）『第二軍従征日記』博文館、1905 年
17）「岡本綺堂の日露従軍記者」 http://kidojibutsu.web.fc2.com/contents/jyugun.html
18）中川雅博「明治思想における戦争倫理――日露戦争に従軍した釈宗演をめぐって」『エティカ』第 5 号、2012 年、101 ～ 118 頁

資　料

従軍雑観

　国民ハ既ニ戦後経営ニ忙ハレ今ニ及ンデ戦争ニ関スル談話ハ時世後レノ観アリト雖ドモ我縣出身ノ人ニ関スル事ヲ縣下ニ紹介スルモ亦無用ニアラザルベシ

　歩兵大尉倉嶋冨三郎君ハ上田出身デアル　予ガ始メテ識リタルハ明治三十五年四月清国揚州府城内東文普通私塾ニ聘セラレテ上海ヲ通過スル

『従軍雑観』原本　冒頭部分

本稿で取り上げた小林健吉氏の『従軍雑観』には、本人によるものと思われる加筆訂正や書き込み、重ね書きや塗りつぶしなどの痕跡がみられる。これに加え、その後ご遺族あるいは第三者によるものと思われる「資料操作」の形跡がうかがわれる。そのため翻刻に際しては、お孫さんの小林秀氏の知恵と技能をお借りしつつ、著者独自の字体や表現方法などの習得に努めた。しかしながら、判読困難な文字や表現もあり、翻刻は完璧を期することができなかった。

時デ君ハ上海駐屯軍ノ小隊長トシテ中尉デ居ツタ駐屯軍ハ二個中隊アツテ其内一個中隊ノ長ハ大尉瀧澤兵七君（伊那郡出身）デ予ト旧知己デアツタ関係カラ此人ノ紹介デ予ハ倉嶋君ヲ識ツタノデ此時予ニ送ラレタ亜細亜言語集ハ今ニ至ルマデ予ハ清語研究ノ唯一ノ参考書トシテ居ル　其後二三度瀧澤君ヲ介シテ消息ヲ通ジタノミデ駐屯軍ハ上海ヲ引キ上ゲ予ハ長江沿岸ノ安慶蕪湖ノ二ケ所ニ居ヲ移シテカラ相互ニ消息ヲ通ズルコトモ絶エタ　予ガ上海日報記者トシテ従軍シ第一師団ニ配属ヲ希望シタガ人員ノ差シ繰リカラ第九師団ニ配属サレタ此レハ却テ予ノ幸福デアツタナゼナレバ第九師団ガ攻囲軍ノ中央ニ居タカラ左右両翼ノ関係ヲ見ルコトガ出来ルカラ観戦トシテ却テ便利デアツタカラデ併シ予ノ知己ノ軍人諸君ノ多クハ第一師団ノ人デアル此等ノ人々ノ行動ヲ知ルニハ大ニ不便デアル従テ歩兵第一連隊ニ属スル倉嶋君トハ面会ノ機モ得ナイ　数回ノ総攻撃デ旅順ヲ挙グルコトガ出来ナク波羅（注：バルチック）的艦隊ハ今ヤ更行ノ途中ニ居ル　一日モ早ク旅順ヲ奪取スベシトノ勅語ハ下ル此時此状ニ日本攻囲軍ハ将校以下一人タリトモ生ヲ全ウスルヲ希ウモノハ無ク只心ニ念ズル所ハ早ク旅順ヲ奪取シテ陛下ノ宸襟ヲ安ジ奉ルニアルノミデアル。

「十一月二十五日予ハ九師団司令部ノ一部ガ屯スル周家屯ヨリ長春庵ノ高地ヲ経テ東北溝ヲ過ギ水師営ノ西方ニ至リ歩兵第三連隊長牛島大佐並ニ副官久田大尉ニ面会ヲ乞ヒ同連隊出征以来大体ノ行動ヲ聞キ取リ同連隊第二大隊本部ニ立チ寄リ帰路同連隊第一中隊長大尉土屋正太君ヲ訪問セント其所在ヲ尋ネタ所ガ此ハ別動隊ニ属シテ中隊本部ニ居ラヌトノ事デ漸クニ其所謂別動隊ノ所在ヲ捜シテ面会シタ」

忘ルベカラザルハ十一月二十六日ノ事ダ。「前日歩兵第三連隊本部ニ至リ連隊長牛島大佐副官久田大尉ニ面会ヲ乞ヒ同連隊出征以来大体ノ行動ヲ聞キ其連隊本部ニ至リ西田大隊長代理ノ副官永田中尉ニ面シテ予ガ実弟河西（注：周造）大尉ガ同大隊長代理トシテ九十三高地ニ戦死シタ状況ヲ聞キ取リ次ニ第一中隊長土屋正太君（東筑摩郡里山辺村出身）ニ面シテ昨日ノ別動隊ニ加入スルヲ聞キ雪風ヲ侵シテ水師営ニ至リ。」予ハ昨夜仮宿シタ水師営ト云フ村カラ新聞記者ノ定宿ニ宛テラレタ周家屯ノ

方ニ向テ帰ツテ来タ　水師営ヲ出テ東北溝ニ入ラントスル所ニ一ツノ
河原ガ有ル昨日予ガ此処ヲ通過スル時ハ一兵モ居無カツタノニ今朝ハ多
数ノ兵ガ群集シテ居ル予ハ試ニ一兵卒ニ君等ハ何連隊ノ兵カト問ウタ歩
兵第一連隊中ノ別動隊ニ属スル者ダト云ウ所謂別動隊トハ如何ナル者カ
予ハ此時之ヲ知ルコトハ出来ナイ　一連隊ト聞キ其第一中隊長瀧澤兵七
君ガ海鼠山デ戦死シタ状況ヲ知ラント思ヒ其状況ヲ知レル人ヲ尋ネタ時
ニ一兵ガソレハ倉嶋大尉ガ知ツテ居ルト云フ　予ハ思ハズ声ヲ挙ゲルヤ
一倉嶋君ガ此処ニ居ルカト云ツタ其声ヲ聞キ付ケテ予ノ名ヲ呼ブハ誰ダト
云ヒツヽ群集ノ中カラ飛ビ出テ来ル者ガアツタ是ガ予ト倉嶋君ト戦地デ
出合ツタ初メノ事デアル　暫クハ手ヲ握リ合ツテ無言デ居ル互ノ眼ニ涙
ヲ浮ベテ始メニロヲ開イタハ予デアル「上海デハ御厄介ニナツタガ其後
御無沙汰シマシタ」「イヤ私コソアナタノ腕章ヲ見レバ上海日報記者ダ
甘イ事ヲシテ戦争見物ニ来ラレタネ」是レヨリ積ル話シヲシテ瀧澤君戦
死ノ状ハ部下ノ軍曹ニ詳知スル者ガアツテ之ヲシテ語ラシテ予ニ聞カセ
タ　終リニ予ハ君等ノ属スル別動隊トハ如何ナル者カト問ヲ起スト今日
ハ未ダ秘密ダ明日ニ至レバ明了ダト云フ　予ハ兎モ角御健勝ヲ祈ルトノ
一言ヲ残シテ別レタ　此日第三回ノ総攻撃　予ハ二龍山の中腹ニ登テ第
九師団ノ一部ガ望台ヲ攻撃シテ成功セザル悲惨ノ有様ヲ望見シ夜ニ入リ
周家屯ノ記者宿舎ニ帰ツタ（近江新報記者山崎君一人燈前に向テ原稿ヲ
認メ居ル富山県ノ神保　福島民報ノ久保二氏ハ戦線ニ行キ未ダ帰ラズ）
翌十一月二十七日　予ハ近江新報記者山崎君ヲ伴ツテ歩兵第二連隊（千
葉県佐倉）長渡辺大佐ガ攻撃隊長トシテ任ズル松樹山ニ至ツタ　先ヅ連
隊本部ニ行キ此連隊ガ五月九日上陸以来ノ戦争経過ヲ聞イタ　其談話ノ
大体ハ上陸以来昨日迄ノ経過ハ上首尾デアツタガ昨日午後一時ヲ期シ松
樹山砲台ヲ奪取スル目的デ強襲ヲ行ツタコトハ失敗ト云ウ程ナラヌモ少
ナクトモ成功セナカツタコトデアル　其話ノ大体ハ斯ウデアル「午後一
時第一大隊（馬場）ヲ以テ突撃隊ニ任ジ其第三中隊（白石）ハ最後ニ胸
墻ヲ越エテ砲台内ニ突入セントシタ時胸墻上デ多大ノ損害ヲ受ケタ依テ
第二第四ノ二個中隊ヲ直ニ増加シタ所ガ将校以下幹部ハ皆倒レテシマツ
タ　ソコデ第三大隊（高木大尉）ヲ以テ突撃隊ト為シタ　其第十及第十

ニノ二個中隊ヲ最前ニ進メタ所ガ是レモ第一大隊ト同ジク多大ノ損害ヲ受ケテ目的ヲ達スル事ガ出来ナカツタ　九時三十分ニ至リ再ビ第三大隊ヲ砲台ノ西方第二大隊ヲ東方ヨリ進メ咽喉部ニ近寄ラシメタ　此攻撃ハ殆ンド目的ヲ達シ相ニ見エタガ夜ガ明ケタ為メ其功ヲ奏セズシテ止ンダ将校以下五六百名ノ死傷ガアツタ　又昨夜補備砲台ニ向ツタ中村少将ノ特別隊ハ凡ソ千人ノ死者ヲ残シ成功セナンデ引キ上ゲタ　君等ハ其死屍ノ有様ヲ見テ惻隠ノ情ヲ国民ニ告グルノ責アリト云フ　予等ハ本部ヲ辞シ砲台ノ入ロタル弾室ヲ一見シタ　此處ニ小林中尉アリテ種々説明ヲ為シタ末ニ補備砲台ノ死屍ヲ指シ示シタ　予等ハ双眼鏡ヲ取リテ一見シテ驚イタ　一ノ木造ノ隠蔽物ガ黒ク見ユルハ敵ノ防御物ニ相違ナイ此隠蔽物ノ周囲ハ恰モ蟻ノ集リ死セルガ如ク真黒ニ地面ヲ蔽ツテ居ル少シク遠ザカルニ従テ其黒キガ蔭トナツテ終リニハ点ク黒キ物ガ散在シテ居ルマ一彼レガ人間デアロウカト吾等二人ハ顔ヲ見合セテ彼ノ中ニ吾等ノ知人ハ居ルデアロウカ　予ハ先ヅ第一ニ昨日東北溝デ面会シタ倉嶋君ガ心ニ浮ンダ　其翌日二十八日予ハ中村少将ノ第二旅団本部ヲ水師営ノ付近ニ探シテ訪問シタ　少将負傷シテ後送セラレタ　田中副官ハ戦死シタ　只多田副官ガ一人デ一昨夜ノ戦闘状況ヲ取調ベテ居タガ特別隊ノ目的並ニ組織ニ就テハ秘密トシテ話サレナカツタ　是レハ一回ハ失敗シタガ或ハ尚一回試ミンカトノ計画ガ有ツタ為ラシイノデ強テ聞クト云フ訳ニハ行カヌ　後ニハ誰シモ知ル如クニ此目的ハ松樹山補備砲台ヨリ旅順ロニ向テ突入シ此要塞ヲ二分シ敵ヲシテ左右翼相応援スルヲ得ザラシムルト云フ計画デ従来ノ三個師団中カラ四個大隊ヲ選抜シ之ニ新ニ来タル第七師団ノ二十五連隊ノ二個大隊ヲ加ヘ総計七個大隊デアツタ

第一突撃隊ノ内デ敵濠ニ飛ビ込ンダ者ハ皆遣ラレテシマツタ　後方ニ居ル者ハ敵ノ投擲スル爆薬ニ当ツタ　然ルニ濠ノ側ニ居リタル者ハ濠カラ投ゲル爆薬ハ皆頭上ヲ越シテ後方ニ行クカラ却テ危険デ無ツタ　予ガ知人倉嶋君ハ此仲間デアル　故ニ足ニ微傷ヲ受ケタ許リデ軍司令部カラ引キ上ゲノ命令ガアツテ、「何ト幸ヒデハ有ルマイカ　歩兵第三連隊第一中隊長大尉土屋正太君ハ東筑摩里山辺村ノ出身デアル　此特別隊ニ加ハリ爆薬ノ為メニ下顎ヲ切リ去ラレ談話ノ出来ナイコトニ為ツタ。」無事

デ連隊ヘ還テ来タト　十一月二十九日朝予ハ二〇三攻撃ヲ見ルベク福島民報記者ト共ニ周家屯ヲ出テ水師営ヲ過ギ海鼠山ノ麓ニ至ラントスル所ノ砂原ニ出タ　此砂原ハ夜間ニ外ハ我兵一人モ通過スル者ハ無イ　何故ナレバ寺児溝西南高地ト云フガ此砂原ノ傍ニ在ツテ敵ガ之ニ銃眼ヲ設ケテ狙撃スルカラデアル　予等二人ハ只人ノ足跡ガ有ル所ハ大丈夫ト信ジテ此処ニ出ダ忽チ高地カラ四五発ノ小銃弾ガ予等ノ身辺ニ落下シタ二人ハ直ニ地ニ伏シ先キナル久保氏ハ匍匐シテ漸次前ニ進ミ後ナル予ハ匍匐シテ退却シ旧途ニ帰ツタ　別ニ道ヲ探シテ海鼠山ニ向ツタガ久保氏ハ如何ニセシカ其処ニ見認ムルコトガ出来ナクアツタ　海鼠山ノ麓ニハ第七師団ノ兵ガ全部茲ニ屯シ野戦病院モ二個アツタ其病院ノ傍ニ一ノ連隊旗ガ翻テ居ル之ヲ問ヘバ歩兵第一連隊本部ガ此旗ノ下ノ地隙ニ在ルトノコトデ其地隙ニ入レバ天幕ガ有テ其内ニ入レバ倉嶋大尉ガ居ル寺田連隊長ガ負傷シ山室副官ガ戦死シ今ハ大尉ガ連隊長代理トナツタノデアル旗手ノ稲熊少尉ト共ニ連隊本部ヲ組織シテ居ルノダ併シ其連隊ノ総数ハ約二百名許リハ健全ノ兵ガ残ツテ居テ第七師団長大迫中将ノ指揮下ニアル連隊本部ハ間接ニ是処ノ兵ノ世話ヲ為シ死傷者ノ戦功ヲ取リ調ブル大任ガアル　倉嶋大尉ガ連隊長代理トナツテ其第九中隊ハ軍曹ガ中隊長代理ヲシテ居ルト云フ事デアル　大尉ノ従卒ニ佐々木総太郎ト云フ兵ガ居テ是レハ南山ニ戦死シタ乃木中尉ノ従卒デアツテ四人ニ歴仕シテ大尉ノ従卒トナツタ者デ乃木中尉ヲ丹誠ニ介抱シタガ遂ニ逝去シタト云ウ悲シイ談話ヲナシタ　予ハ此処ヲ辞シ後備歩第十六連隊本部ヲ訪フベク百七十四高地ヲ過ギテ太平溝ノ方ニ向ツタ是レハ此連隊ノ副官ハ久保氏ノ知人デアルカラク久保氏ガ或ハ此連隊ニ行キタラントノ考ヘデアル此時已ニ黄昏ニ及ンデ方向ヲ失シ翌日ノ午前二時頃マデアチラコチラヲ迷ツテ居タガ到底目的地ニ至ルコトハ出来ヌカラ百七十四高地ニ引キ返シテ後備旅団本部ノ居地斎藤ノ居ル天幕ノ中ニ入ツテ泊ツタ　此天幕ニ隣リテ友安少将及乃木副官等ノ居ラルル天幕ガアツテ電話ノ交換ガ善ク聞ユル乃木副官ノ声デ曰ク閣下師団ノ参謀長カラ云々ノ事ヲ命令サレマシタ、友安少将曰ク参謀長ノ命令ハ聞キ難シ師団長ノ命令カト返答セヨ　副官ハ此師団ニ答ヘタ　暫クスルト是レハ師団長ノ命令ダト申シ来リマシタト云フ

声ガ聞エル　嗚呼第四旅団ハ殆ド全滅シテ明日カラ此旅団ハ解散ニナル
カナド心配シテ居リナガラ旅団長ハ尚厳然トシテ其威ヲ保ツニ至ツテハ
流石軍人デハアルマイカ　翌三十日午前ハ此司令部ノ近辺カラ二〇三高
地及赤坂山攻撃ヲ見タガ皆成功セヌ苦戦ノ有様デアツタ　午後ニ後備十
二連隊ヲ訪問シ生田目連隊長ニ面シ久保氏ノ消息ヲ問ヘバ昨夜来来リ居
ルトノ事デ大ニ安心シタ　然シ同氏ハ今此處ヨリ凡ソ十丁許リ山上ニ居
ルトノ事デ此ニ至レバ凡ソ三個中隊許リ破レ砲台ト称スル所ニ向ケ小銃
ヲ発射シテ居ル是レハ此砲台ヨリ二〇三ヲ援助スル事ノ出来ヌ様ニ箝制
スルノデアル　予ハ久保氏ニ面シ互ニ無事ヲ祝シテ別レ海鼠山ニ登リテ
二〇三ヲ一見シ下山シテ又倉嶋君ノ許ニ投ジタ食ノ馳走ニ逢ツタ此時七
師団ノ吉田少将ガ来ラレタ　倉嶋君ガ紹介シテ呉レテ二三ノ言語ヲ交シ
タ少将ハ別ニ用事モナカツタ直ニ去ル予ハ倉嶋君ノ天幕中ニ臥シテ夜ヲ
明シタ是ノ時ヨリ以後二〇三高地陥落ニ至ルマデ及北進シテ奉天方面ニ
至ツテカラモ予ト倉嶋君トハ時々往来シ種々ノ物語リモアルガ暫ク措キ
テ外ノ話シニ移ラウ　同君ガ南山ニテ抜群ノ功績ヲ顕シタ話シヲ以テ此
隊ノ終尾トシヨウ　此時ハ同君ハ第八中隊ノ中尉デアツタ　明治三十七
年五月二十六日ノ末頃ニ肖金山占領ノ目的ヲ以テ石門ヨリ出発シ全城ヲ
去ル約六百米突ノ所ニ達シタ時横カラ数発ノ射撃ヲ受ケタ　因テ其付近
ニアル無名部落ノ東南壁ヲ右翼ニ第十中隊ヲ進撃シテ直ニ兵ニ散開ヲ命
ジタ　然ルニ夜ハ歩兵ノ機関砲ノ射撃ヲナシタ為吾ニ数十ノ死傷ヲ生ジ
タ倉嶋君ハ沈着ニ事ヲ執リ部下ヲシテ射撃ノ効力ヲ発揚スルニカヲ尽サ
レタ其効果ニ依リ優勢ナル敵ヲ撃退シ次デ遂撃ニ移リ速ニ金州城ヲ占領
スルニ至ツタ　次デ南山攻撃ニ際シ主トシテ敵ノ機関砲ニ猛火ヲ注ギ敵
ヲ萎縮セシメ得テ全軍ノ突撃ニ参与シテ抜群ノ功ヲ顕シタ

従軍雑観　馬場少将に関する事

我ガ県人ガ歩兵トシテ入営スル高崎連隊ハ出征ノ当時千国連隊長デアッタ　未ダ旅順ノ本攻撃ニ掛らぬ内ニ負傷　次で大久保中佐は白襷隊（中村特別隊）で後送になり戸村中佐は奉天会戦の時戦死し凱旋当時は即ち今の五十嵐中佐である　中佐は前に二連隊の大隊長として旅順で負傷後送となり再出征して今の地位に居ることになつた　身体偉大ニシテ性質活発　将校の模範ト云ふべく又第一連隊は出征当時の小原隊長が南山で負傷し寺田中佐が二〇三及赤坂山攻撃で後送になって凱旋当時ハ即ち今回生田目中佐である　中佐は前に第一師団の高級副官から後ビ十六連隊長に移り多田中佐の後を継いだ。此時から予が前々ニ話した所の隊長代理の倉嶋大尉ハ連隊の副官となったので今も其通りである。性質流暢ニシテ交際家と云つて善しからう　偖て此二個連隊を統轄第一旅団長として第一師団ノ半分を組織せらるゝは馬場少将（合英）である　少将は先きに松村閣下が師団長に栄転し其後を継いだ所の山本少将（信行）が戦死せられた後を受けられたので予は始めて面談の栄を得たのは二〇三攻撃中海鼠山の連隊九中隊本部の幕内であった　（注：明治）三十七年十一月二十七日二〇三高地攻撃に向かった我兵に続々死傷を生じ十二月一日僅かに其頂上の西南の角の一部を取った予は其中腹の濠中に入って鉛筆を弄して写実をした　是れが予の従軍中身を危険界に置いた内の第一である　二十六連隊の二個中隊許りは其の占領地区に居る十五連隊の兵と其住居を交換する為め吾が前面を通過して今や急坂道を攀ち登る真最中椅子山の方面より発砲する火弾は四五発此兵の頭上に爆発するや否や二十人許の兵は坂道をころがり予の傍らに倒れた勿論負傷者のみならず健全者で負傷者の落下に圧せられ共に倒れたものも居る是等の兵は自ら起ちて負傷者に繃帯を施して遣る負傷の軽き者は自ら繃帯して重き者は戦友に依頼する　予も二三の負傷者に繃帯し与へた　茲に一つの記すべきは今占領区域を二十六連隊に譲りて山下に帰らんとする十五連隊の一曹長は健全の兵五六人と共に此処に至り此有様を見他連隊なるにも関わらず部下を指揮して救護に力を尽くして其歩行に堪へざる者は健兵に命じ

て背負いて山下に降らしめた　予は試に其姓名を問へば第十中隊に属する堀内祝氏　信州埴科郡八代村出身（後に氏は特務曹長となり奉天戦後孤樹子ニ陣営する頃は余の宿舎と隣りに居り大ニ親懇となった）と聞いて其行為の美　是れ吾郷人の為す所たるを喜んで暫く互いに談話を交わした　予は此処に居ること凡そ一時間にして四囲の状況を写し十五連隊の陣地に下り来る百七十四高地の傍らを経過し海鼠山下の第一連隊本部に至り倉嶋君の所にて夕食を吃した　予は海鼠山頂の第九中隊本部の幕内に一宿を假らんとして十丁許り山坂を攀ぢ登って之を探し当て幕内に入ると五十有余の将官が居らるるから　予は名刺を出して閣下はと問へば　馬場てある　非戦員が此危険の場所へ善く来られた　弾に中っても諸君は政府から金鵄勲章は下がらんよ　併し国民から名譽の勲章を受くるであらう　足下は何師団に属するか　私は九師団に属して周家屯を定宿と致して居りますが今夜は此中隊本部で夜を明かす積もりで参りましたが　いや妨げないよご覧の通り前面に赤坂山二〇三高地攻撃を指揮して居るから予も眠ることは出来んから談し相手になって貰はう　此幕中には閣下御一人で御座いまするか　否副官津島大尉も居るが今は電話を懸けており隣の幕内に居る　君は夕食はまだ済まんだらう一處に認めなさい　只今山下の連隊本部で済まして参りました　是れより閣下は使令（注：召使い）の呈供する少許の牛肉と漬物とにて夕食を吃せられ幕外に出て銃眼より敵二〇三高地の状況を視察せられて帰ってこられた　砲弾を容れて運搬したるアルミニュームの長方形の箱を火鉢に代用し閣下と予と一夕を語り明かした　然し閣下は時々起ちては敵情を視察し電話口に行きては副官に指揮する等　時々幕内を出られた　此夜予の知る所は閣下は大和郡山の藩士で本年五四歳との事である　一男一女ありて　男児は騎兵少尉で今は第一連隊の使令長をして居る　騎兵第一連隊は第一師団の一部たることは勿論であるから普通から言へば此旅順攻囲軍中に居るべきであるが要塞戦では騎兵の入用は至て稀れであるから少数の使令の外は皆遼陽方面に行って居るから少尉も其方向に居る　女児は十八九で他より縁談もあったが若し男児が戦死せば家督を継がせる必要があるから之を謝絶して置いた等の事を話された

又閣下は防寒外套の下には常に袈裟を着せされて居る　曰く多数の兵を殺したから其ボダイを弔ふのだ此袈裟は川上君から譲られたのだと　所謂川上君とは第一師団の従軍僧で本派本願寺派の人で印度に七年も居り又西域に入らんとして苦心し　曽て北京籠城もしたと言ふ僧侶界の豪傑である川上貞信の事だ　閣下も上杉不識庵（注：上杉謙信の法号）の人となりを慕うて居らしき其性質行為大ニ之に類するとの事で軍人社界では今不識庵と号せられて居る　閣下は此夜予に向かって南清の状況につき感じた事を語れよと催れたから予は左の三事を以て閣下ニ物語った

一、日清戦争で日本兵ノ強いと云うことは支那人一般ニ感じたがまだ日本を慕ふとか信用するとか云う程度ニは至らなかった　所が北清事変では日本兵が各国の先鋒として強かったのみならず各国連合軍が北京ニ入り皇帝及太后が西安府へ蒙塵せられた時　連合軍は尚進んで西安に向ふの感があった時に今上海の同文書院、長を志て居らる、根津一君が劉坤一と張之洞に説いて二総督は両陛下を救ふを以て名となし兵を北方に進め　日本は已に各国公使を救出した以上は第一の目的を達したるに由り此上連合軍と共に兵を西に進むるは不同意と云う点を以て連合軍を脱して二総督を助くる計画を為さんとの呈議を出して殆んど此事行はれんとした為に虎視眈々たる各国連合軍も北京に止まって西安府へ行かずに済んだ　是れからして二総督の名勢は北京政府は勿論支那全国に轟いたと同時に支那人が日本に信頼する様になった　故に武備学堂及普通教育の学校に日本教師を聘し且日本に留学生を送る様になった　実に根津一君は無名の英傑です

二、支那には厘金と云う事があって是れは商品が一地方の管轄から他地方に運搬せらる、時に拂ふ小税で假令ば漢口から上海まで十九ヶ所の厘金局があって支那人が漢口で買った百円の物は上海に来る迄には二百円以上に売らねばなりません　然るを外国人であれば漢口で買入る、時に外国輸出税を一度拂へば厘金局で税を拂はずに上海まで持って来られて安価に上る　然し外国人殊に英米人は支那人と組合って自己の名義の下に支那人を使用して随分利益を得たが日本人は自己の名義で商法をして其甘き汁は皆其使役人の支那人に吸収せられる、ので其訳は支那人が金

を出して只日本人の名義を假る計りであるから名義料として僅かに日本人に手数料を与ふのみだ　是れは日本人が無資産だから已むを得ず名義料で満足せばならぬのである　然るに支那厘金局の官吏も其内情を知って日本人の名義の物品は是れに其実支那商人の物であると云うことを知って居るから其通行を妨げて多少の賄賂を取らうとする商人は曰く是れは日本某商人の品物で吾々は其使役人だと　是に於て一つの争いが起こる　名義人の日本商人が日本領事に訴へて支那官吏に掛け合って貰ふ日本領事が苦労して其判決を与えて遣る其利益は皆支那商人の手に落つる遂に日本領事も其世話を焼かなくなる　是に於いて名義上の日本人の効力が少なくなって支那人に解雇せらるゝから其解雇せられた者は領事を悪く云う　其云ふ所を聞けば曰く英米の領事は自国商人に親切で物品の売買まで照会して呉れるが日本領事は不親切だと　是れが即ち小田切領事などの商人に不評判だと云う説の起こる原因であるが是れは商人側の云う所が無理である　実は商人ではない一書生が只商人の名義を以って揚子江沿岸にごろつき居る者ノ様です

三、大阪人は一種不思議の人民て私が揚子江沿岸に居った時大阪人は他の日本人が入り込まざる都府迄入り込み骨董を買ひ出し珊瑚を売る等言語も通せざる地に行くを見た　其勇気は常に感ずべきである　是に対しては上海に住み込み居る東京人などは顔色なしと云ふ有様である　然るに盤龍山戦闘で復び八連隊の味噌を附けて「又も負けたか八連隊是れでは勲章九連隊」と大津の兵に歌はれたざまは又格別です

予の此の談話を聞かれた馬場閣下は　嗚呼此天幕の内でお互に斯んな話をして居れば眼前に大敵を控えて居りながら戦争に来て居る様な気は少しもなくなった　何処かの温泉宿の楼上にでも居る様な気がする　今夜は大に精神を養って頭の箍をはづした少しやすみましょう　とて外套のまゝ靴のまゝ火鉢の傍らに横になられた　予は傍らに在る毛布を取り閣下の身を蔽ふて同じく其処に仮寝した是れは午前四時頃であった　翌朝午前六時頃目が覚めて見れば閣下は居られぬ敵情を視察せらるゝ為め銃眼を設けたる場所に出られたるならんと予も幕を出でゝ前面の状況を見渡せば二〇三の方は西南の一角と中央部東北部の麓に　赤坂山の方は其

西北部に吾兵は蟻集し昨日に比して一歩も其占領区域を広むる能はず時々馬場少将後より声を掛けて曰く　幕内の火鉢の傍らに一膳を貪りたるに彼の兵は昨夜も野宿してけりと一掬の涙を落とされた　嗚呼人の上に立つ者此心ありて始めて兵は此人の為めに死を希ふ者たらんと予は思った　閣下と共に幕内に入れバ水呑コツプに冷水あり閣下は手拭の端を湿して顔を拭れ予に渡されてサー顔をお洗ひと　予も赤ハンケチの端を水に湿して両眼の周囲を拭った　伝令は来って其残水を呑んだ　山上如何に水ニ乏しいかが解る二〇三及び赤坂山攻撃は暫く休止の命があったとの事であるから予は閣下に別れて周家屯に帰った　二日三日四日は此方面は再攻撃の準備である　別に記すべき事もない　之ニ反して九師団攻撃方面には死体収納の契約が彼我両軍の間に在って将校は酒を飲み合って写真を撮ったとの事を聞き此等の材料を蒐集する為め　予は四日に二龍山と西盤竜の間に在る鉢巻山に登り　朝久野少佐新井大尉等に面会し揚家屯の九師団司令部付通訳官の室に止宿した　翌朝揚家の高地より遥に二〇三高地の方を望めば白煙黒煙朦々として砲声は雷の如くである　其再攻撃を実行すること問はずして知るべきてある　予は技癢に堪へず凡そ此間二里許の道を駆くるが如くに馳せて西方に向ふ　十五連隊第十一中隊の陣地を通過する頃に餓を感じて一歩も進むことが出来ないそこで中隊本部に飛び込んで湯を乞い携帯の重焼パンを食せんとするを中隊長市村左久馬君（大尉）が佐藤伍長に命じて米飯を恵まれた

予は立ちながら吃飯して伍長と談話せしに此人は埴科郡五伽村出身で坂口喜三郎と云ふてあった　予は自ら更級郡中津村の者であることを話した　すると伍長の云ふには此中隊に中津村南原の北澤良之助と云う者が居って病気のため後送せられた事を話した。

従軍雑観　別冊（軍規集ノート）

　明治三十七年二月十日　宣戦ノ詔勅降下ス余時ニ新聞記者ヲ以テ従軍ヲ志願ス　三月某日書ヲ陸軍省ニ呈シ四月某日許可証ヲ受クト雖　大本営ニ於テ未ダ出発ノ期日ト附属部隊トヲ定メ與ヘラレザルガ為メ茲ニ閑日月ヲ生ズルノ機ニ会セリ　蓋シ此書ノ成ル所以ナリ

　　明治三十七年五月三十一日
　　　　　金州南山占領後五日　　　　　　　　　　　　小林　千曲　誌
　　　　　　　　　　上海米租界文路第五号　上海日報社ニ於テ

『軍規集』
軍隊ハ大元帥陛下ニ直隷
軍隊ハ国家成立ノ根源ナリ
軍隊ハ敵ノ強力ヲ破ルヲ以テ目的トス
軍政ト軍令ノ区別
天皇ノ帷幄
（以下、規定等省略）

3

「地域の将来」を見据えた「身近な地域の調査」構想
中学校社会科地理的分野の場合

種藤　博

■ はじめに

　本稿は、中学校社会科地理的分野の単元「身近な地域の調査」を取り上げ、これに「地域の将来」を見据えた視点を取り入れようと試みたものである。平成20年版中学校学習指導要領において、社会科の改訂のポイントの一つとして「社会参画」があげられる。そして、地理的分野でも改訂のポイントとして「社会参画」が取り上げられ、大項目（2）中項目エ「身近な地域の調査」において、この「社会参画」の視点を含めた学習が求められている。筆者は、「社会参画」を地域の現状や問題点を指摘するだけでなく、よりよい地域を構築する方法を提案することも「社会参画」となると考えている。いいかえれば、筆者の考える「社会参画」が、「地域の将来」を考えることに置き換えることができる。それでは、「身近な地域の調査」に「地域の将来」を考える視点をどのように取り入れるべきであろうか。以下、この点に視点を据えて論じていきたい。

1 平成20年版中学校学習指導要領と「身近な地域の調査」

(1) 学習指導要領の改訂の趣旨と「社会参画」

 すでに述べたとおり、2012（平成24）年4月、日本の学校教育は、平成20年版学習指導要領（以下、現行指導要領と略記）へ全面的に移行した。中学校社会科のうち、今回の改訂で注目すべきは、地理的分野の大項目（2）中項目エ「身近な地域の調査」の位置付けの在り方に顕著な変化が見られる点である。結論をさきにいえば、「身近な地域の調査」と「社会参画」を切り結ぶことの緊要性がはじめて提言され、その実践が求められているといってよい。

 こうした転換が生起した背景とねらいについて、現行『学習指導要領解説 社会編』に示された「社会科改訂の趣旨」には次のように述べられている。「知識基盤社会化やグローバル化が進む時代にある今こそ、……公共的な事柄に自ら参画していく資質や能力を育成すること」[1]が大切である。そして、「そのためには、基礎的・基本的な知識、概念や技能の習得に努めるとともに、思考力・判断力・表現力等を確実にはぐくむため言語活動の充実を図り、社会に参画する学習を重視することが必要である」[2]。さらに、「社会科改訂の要点」の中で、「地理的分野では、身近な地域の調査で、①生徒が生活している地域の課題を見いだし、②地域社会の形成に参画してその発展に努力しようとする態度を養う」[3]ことの重要性が強調されている。以上のように、地理的分野の単元「身近な地域の調査」では、地域社会に主体的に参画する資質や能力の育成を重視する学習、すなわち社会参画を重視した学習が求められ、次のようなねらいが定められたのである。①自分が生活している地域の課題を発見し、②地域社会の形成に主体的に参画しその発展に寄与しようとする態度を育成する。

(2) 「身近な地域の調査」の社会科における位置付け

 現行学習指導要領では、地理的分野「身近な地域の調査」を、地理的分野の最後に置いている。その理由は、「……世界と日本の様々な地域を学習した後に位置付けることで、既習知識、概念や技能を生かすとともに、①地域

の課題を見いだし考察するなど社会参画の視点を取り入れた探究型学習を地理的分野の学習のまとめとして行うことが期待されている。身近な地域は、生徒が生活の舞台にしている地域であり、学習対象を生徒が直接体験できるといった特質を有している。それだけに、この項目では地理的事象を見いだし、事象間の関連の発見過程を体験し、地理的な追及の面白さを体感させる体験的、作業的な学習を通して、②生徒が生活している地域に対する理解と関心を深めさせ、③地域社会の形成に参画しその発展に努力しようとする態度を育てることと、地理的な見方や考え方の基礎を培うことが大切である」[4]としている[5]。

筆者は、「身近な地域の調査」の位置付けに当たり、次のことに注目した。

まず、「探求型学習」という点である。この点は、かつての「身近な地域の調査」の授業方法改善に大いに役立つ。多くの教師は「身近な地域の調査」の学習で、地形図の読図に関する知識や技能の習得に力点を置いていたように思われる。近年、公立高校入試問題でも風景写真と地形図を組み合わせた問題が多く出題され、資料を読み取る技能を活用する力が求められるようになったが、現場の多くの教師は地図記号を覚えることや、等高線を読めることに終始しているのではなかろうか。以前から、「地域調査」の重要性は指摘されていたが、学校事情などもあり、なかなか野外への調査はままならない。

今回の改訂で「身近な地域の調査」に「社会参画の視点を取り入れた調べ学習」[6]を取り入れるよう求めている。これは、今までの知識や技能の習得の学習だけでは無理である。生徒に課題意識を持たせ、生徒が持った疑問に基づいて地域を調査し、自分たちが住む地域をよりよいものにするために提案をしていく学習が求められる[7]。そのためには、インタビューや資料調査、野外調査や結果をまとめ、発表する活動などが考えられる。

そして、地理的分野の最後に位置付けられ、「探求型学習」をすることで、公民的分野の最後の単元「よりよい社会を目指して」での学習にもつながる。現行学習指導要領の公民的分野の学習構造を見ると、「よりよい社会を目指して」は、地理的分野と歴史的分野、公民的分野で学習した内容を受けて、課題を発見し、調査し、話し合い、レポート等にまとめる活動が求められて

いる[8]。つまり、「身近な地域の調査」の学習方法を活用するのが、「よりよい社会を目指して」に当たる。

(3)「探求型学習」が「地方自治」学習の動機付けになる

　筆者は、「身近な地域の調査」における「探求型学習」を社会科の目標である「公民的資質の基礎を養う」ことにつながると考え、公民的分野の学習への良い接続として大いに期待している。

　「身近な地域の調査」のまとめとして、「地域の課題や将来像を考える」[9]ことが求められている。このことが、生徒の「地方自治」学習への関心・意欲の高まりとなる。今まで、公民的分野における「地方自治」の学習は地方公共団体の仕組みや仕事を知ることに重きが置かれ、生徒が実際の地方政治に触れる機会が少ないように思えた。しかし、私の先輩方が実践しておられる「区長（市長）になろう」という実践に出会った。この実践では、生徒たちが住んでいる市区町村の実際の課題を調査し、その課題をもとに各班から区長（市長）候補を選出し、施政方針を作り、投票をする。そして、当選した区長（市長）が施政方針演説をして模擬区議会（市議会）を開催するのである。これは、実際の地方政治を模擬的に体験するものであり、地方政治への関心を高めるのに良い実践であると考える。

　生徒たちの地域への興味・関心をさらに高めるために、「身近な地域の調査」で地域の課題や将来像を考え、「地方自治」の学習で「区長（市長）になろう」の学習をすると、「社会参画」の意識がさらに高まるのではないかと考える。

2　身近な地域の調査と社会参画

(1)「身近な地域の調査」の学習内容

　「身近な地域の調査」を扱った5つの指導案[10]を次の表にある学習項目[11]にあてはまるかどうかを分析すると、以下の表のようになった。

学習内容	A	B	C	D	E
1. 中学校や市区町村のおもな概要をつかむ	○	○	○	○	○
2. 校区のある市区町村の地形図の読図（地形図を読むための基礎知識）	○	○	○		○
3. 地域調査のための課題設定	○	○	○	○	△
4. 地域調査の準備		○	○	?	△
5. 地域調査（野外調査・文献調査・聞き取りなど）	○	○	○	○	
6. 調査した結果をまとめる		○	○	○	○

　また、分析した結果をもとに、5つの指導案の共通項をまとめると次のようになる。これら5つの実践の特徴は、地形図の読図の他に、必ず地域調査を行っている。ただし、Eの実践は課題設定や課題追求に関する準備を教師側が行っていることが他の4つの実践と大きく違う点である。また、E以外の実践はすべて野外観察による調査を行っている。野外観察を行うための準備や授業時数確保が難しいとされているが、課題設定から準備、調査、調査によるまとめまでにかかった時間を見ると、Aが最も短く5時間、Cが最も長く9時間かかっていた。ただし、C実践の場合、9時間のうち6時間を特別活動や総合的な学習の時間に充てている。

　「地域の課題や将来像を考える」ためには、生徒の関心・意欲を高めることが大変重要となる。その方法として、課題設定や地域調査は大いに注目される。なぜなら、課題や将来像を発見し考えるのは生徒が住んでいる地域であり、教師から習うよりも自分の目で確かめる方がより課題意識に迫ることができるからである。

(2)「身近な地域の調査」の学習方法

　次に、「身近な地域の調査」を扱った5つの指導案を次の表にある学習方法[12]にあてはまるかどうかを分析すると、以下の表のようになった。

学習方法	A	B	C	D	E
1. 一斉講義	○	○	○	○	○
2. 小集団による話し合い		○	○	○	○
3. 学級集団による話し合い			○		○
4. ディベート			○		○
5. 調査結果を分布図など地図にまとめる	○	○	○		
6. 調査した結果を全体に発表する		○	○		
7. 地域の未来像を話し合う			○		○

　この表の分析から、これら5つの指導案の共通項を見ると、どの実践にも必ず話し合い活動が行われている。例えば、地域調査をする際の課題設定や調査内容を分担する際、また、調査したことをまとめる際、小集団による話し合いが行われている。また、A～Cの実践に共通することとして、分布図や調査した内容を模造紙等にまとめていることがあげられる。B・Cはそれらの内容を学級全体に発表している。特にB・D・Eの指導案は、現行指導要領により、「言語活動の充実」があるために、話し合いの他に発表やディベートを行っている。

　つまり、「身近な地域の調査」を実践する場合は、生徒が課題を設定し、その課題を調査し、調査したことをまとめ発表することが求められている。そして、単元の最後に「地域の将来像」を考える活動も大切である。この「地域の将来像を考える」活動は、「社会参画」や「探究型の学習」に相当するものと思われる。

(3)「社会形成参画学習」の成果を生かした「身近な地域の調査」

　佐藤浩樹は、「社会参画」の視点を取り入れた「社会形成参画学習」を提唱している[13]。佐藤は、小学校における実践と理論を展開しているが、中学校社会科でも「社会形成参画学習」は可能であるとしている[14]。特に「身近な地域の調査」において実践が可能であるとしている。それは、「『身近な地域の学習』は、地域に対する理解と関心を深め、調査の視点や方法を身に付けることをねらいとした従来のものと比べ、野外調査が重視されると

ともに課題解決的・提案型の単元づくりが要求されている」と述べているからである[15]。そして、「実践にはかなりの困難が予想される」と述べ、代わりに「地域の社会問題をシュミレーション教材化し、野外での調査をもとに問題解決の方策や将来像を考える学習」を提案している。その一つが、授業構想「T競馬場跡地利用問題」である[16]。

　この授業構想を先の5つの授業実践と比べると、B・D・Eの実践と類似している。特にEの実践と似ている。しかしこの3つの実践との大きな違いは、最後に「T市に自分の考えを提案すること」である。実際に行動を起こすことは、究極の社会参画の一つであると考える。しかし、「身近な地域の調査」における「社会参画」は、地域の将来について考え、お互いの意見を出し合い、深めるまでで良いと考える。前にも述べた通り、本稿では「身近な地域の調査」を、公民的分野の「地方自治」学習や「よりよい社会を目指して」における探究活動の動機付けであり、学習方法の獲得が主となる。

　また、佐藤の論のように「シュミレーション教材化」してしまうと、生徒に切実感がなくなってしまう恐れがある。佐藤の言うように、学区の地域をシュミレーション化したとしても、生徒にとっては架空の課題である。生徒自身が興味・関心を持ったものではない。さらに、シュミレーション教材には莫大な時間がかかり、現実的ではないと考える。

　以上から、「身近な地域の調査」では、筆者が本所中学校で実践した「身近な地域の調査」を取り上げ、それをもとに、生徒が自分で興味・関心を持った課題を設定し、地域調査を行い、調査したことをまとめ、発表し、最後に地域の課題や将来像を話し合い、まとめる学習活動を提案したい。

3　本所中学校における「身近な地域の調査」の実践

(1) KJ法を用いた「墨田区の有名なものは何だろう？」

　この単元の事前学習として、「墨田区で有名なものは何だろう？」という題で、生徒一人ひとりに、副読本『ふるさとすみだ』や、すみだ郷土文化資料館の見学などの調査をさせた。そして、班の中で有名なものを出させ、画

用紙にまとめさせた。学習形態は、KJ法を用いた。付箋に自分の意見を書き、テーマごとに付箋をまとめ、最後に墨田区の特色を発表させた。生徒の意見には、今話題の東京スカイツリーや両国国技館、向島百花園など、観光名所が中心になった。また、在原業平や坂本竜馬など歴史上の人物に関するものや錦糸公園・横川公園などの公園が出てきた。意見が出にくい生徒には、窓の外を観察させて、建物の特徴をとらえさせたり、道路の幅などに着目させた。

(2) 新旧の地形図を見て、墨田区の移り変わりを見てみよう

　地形図の読図の基本を知るために、平成20年国土地理院発行25,000分の1の地形図から、本所中学校の位置や自分の家の位置を確認させた。そして、本所中学校から自分の家までの距離を測らせて、実際の距離を求めさせた。次に地形図で、鐘淵中学校と「文花1丁目アパート」の位置を確認させた。この2つを確認させた理由は、明治時代の墨田区の特徴を示す建物があったからだ。

　明治22年発行の地形図を用いて、鐘淵中学校と「文花1丁目アパート」のあったところに何があるのかを確かめさせた。鐘淵中学校の場所には、今のカネボウの前身である鐘淵紡績が、「文花1丁目アパート」のあったところには東京モスリンの工場があったことを確認する。副読本『ふるさとすみだ』を使って、明治時代の日本の近代化を支えた工場があったのが、実は墨田区だったことを説明した。

　今度は、昭和5年発行の地形図で、明治22年発行の地形図や大正7年発行の地形図との違いを班や学級全体で話し合わせた。本所中学校の近くを通る「三つ目通り」に着目させると、道路の幅が違っていることを発見した生徒がいた。また、錦糸公園や猿江公園などに着目させると、これらの公園は大正7年までの地図にはなかったことを発見した生徒がいた。それから、大正7年から昭和5年にかけて、墨田区に起こった大きなできごとを考えさせた。実は、大正12年に起こった関東大震災によって墨田区が甚大な被害を受けた。『ふるさとすみだ』を使い、関東大震災の死者の約半数が現在の墨田区の本所地区だったことを解説した。その後の復興計画によって、道

路の幅が広がったことや、公園があちこちに設けられたことを説明した。

違う角度から、田や畑がなくなっている地域にも着目させた。現在の向島地区はかつて田や畑が広がる農村地帯であった。しかし、関東大震災後本所地区にあった工場が向島地区に移転し、最盛期の昭和初期には人口密度が1km^2 あたり約30,000人の人口密集地帯だったことを『ふるさとすみだ』で確認させた。

(3) 墨田区の課題は何だろう？

この単元のまとめとして、墨田区の課題を生徒に出してもらった。例えば、次のようなものがある。道路の歩道の縁石が高いのでお年寄りが不便であること。本所吾妻橋駅にエスカレーターがないので、体の不自由な人に不便であること。細い路地の交差点に信号機がないので、暗くなると危ないこと。また、信号機がないのを良いことに、自動車がスピードを出してくること。街路灯が少ない地域があるので、街路灯を増やして欲しい。これらの生徒の意見をまとめてみると、生徒の生活に密着した課題であることがわかる。そして、生徒の中から「バリアフリー」という言葉が聞かれた。おそらく、小学校の授業で福祉の体験学習などをやったためであろう。中学校1年生の時点で、福祉の視点があることは素晴らしいものである。

だが、この課題を克服するためにどのようにすべきかを問うと、生徒は、とたんに発言の数が減ってしまった。やはり、1年生では難しいのであろうか。課題を出して、それらをどのように解決するのかを考えることが、今後の課題となった。

4 「地域の将来」を見据えた「身近な地域の調査」の単元構想

(1)「国際観光都市すみだ」を目指して

2012年5月22日、東京都墨田区に「東京スカイツリー」が開業した。本体の「スカイツリー」タワーの他に約300店舗が入る商業施設、水族館などのレジャー施設も合わせて開業している。開業に合わせて、墨田区や地元

の業平橋・押上地区の商店街などが、まちの活性化のために、さまざまな取組みを行っている。例えば業平橋・押上地区では、まちおこしのために「おしなりくん」というご当地キャラクターを作った。そして、そのキャラクターを作ったビジネスを立ち上げ、グッズの販売やイメージアップのために努力している。墨田区は、「東京スカイツリー」を起爆剤として「国際観光都市すみだ」を目指し、墨田区をPRしている。

しかし、墨田区民の中には「東京スカイツリー」開業を手放しに喜んでいられないと思っている人もいる。観光客を呼ぶための施設整備が遅れている、地域住民が地元のことを知らないなど、さまざまな課題が存在するからである。特に墨田区は区民一人ひとりが観光客を「おもてなしの心」で迎え入れたいと考えている。墨田区の住民が自分の住んでいる地域について何も知らないのは、大きな課題である。観光客が来たときの問題点を、地域住民が意識することが大切である。

以上のような課題から、単元「墨田区PR作戦（すみだの過去・現在から未来へ）」を「身近な地域の調査」の実施単元として次のように考えている。

(2)「墨田区PR大作戦（すみだの過去・現在から未来へ）」単元構想

まず、「墨田区の有名なものは何か」という問いの下で、KJ法を用い、グループで意見を出し合い、墨田区のキャッチフレーズを考える。次に、地形図を読み取り、墨田区の地域的特色を理解させる。そして、墨田区でPRしたいものをグループ内で3つ考えさせる。その時に、他区市町村から来るお客さんにこれだけは知らせたいものを考えさせる。その際、「国際観光都市すみだ」や「おもてなしの心」という視点を持たせる。

班の中で出し合ったPRしたいものを、地図をもとに実地調査させる。調査のときに、観光客の視点に立ち、こんな標識や案内板があったらいいというものを探し、考えさせる。また、お店屋さんや資料館の人にインタビューをして、PRするための方策を考えさせる。

調査してわかったことをグループで地図にまとめ、発表させる。最後に、「国際観光都市すみだ」にするために、観光客の視点のみではなく、住民の視点を盛り込んで「よりよい墨田区」にするにはどうすべきか話し合い、レ

ポートにまとめる。

中学校社会科地理的分野学習単元計画

①単元名「墨田区 PR 大作戦（すみだの過去・現在から未来へ）」
②対象学年・実施時期　中学校 2 年 2 ～ 3 月
③単元のねらい
　（ア）単元を通して、墨田区の地域的特色や地域の課題について追及しようとしている。（関心・意欲）
　（イ）墨田区の地域的特色の理解や調査から、墨田区の課題について多面的・多角的に考察し、わかりやすく表現することができる。（思考・判断・表現）
　（ウ）地形図や墨田区に関する書物・地図などから、墨田区の地域的特色を読み取ることができる。（技能・表現）
　（エ）墨田区の地域的特色や地形図を読み取ることに必要な知識を身に付け、その知識を理解している。（知識・理解）
④単元の指導計画〈14 時間〉

	学習活動	指導上の留意点	評価等
1～2	「墨田区の有名なもの」について話し合い、墨田区のキャッチフレーズを考える。	・「墨田区の有名なもの」を班の中で話し合い、意見を出させる。その際、KJ 法を用いる。 ・キャッチフレーズを考える際、考えた理由も考えさせる。 ・歴史や文化遺産だけでなく、窓の外から見える建物の特徴や墨田区にある会社の名前などについても言及させる。	（ア）墨田区の地域的特色について、追求しようとしている。【関心・意欲】 （イ）班の中で出し合った意見をまとめ、キャッチフレーズにわかりやすくまとめることができる。【思考・判断・表現】

3～5	地形図を読図する中で、墨田区の地域的特色を理解する。	・「国土地理院25000分の1」地形図から、地図記号の内容や等高線の読み方を理解させる。 ・等高線の高さに着目させ、区内では、海抜と同じ高さかそれより低い地域が広がっていることを理解させる。 ・公園や浅草通り以南の道路に着目させ、これらの整備が関東大震災以降であることを理解させる。 ・洪水ハザードマップや防災地図から、自分の地域の防災についての知識を身に付ける。	(エ) 地形図を読み取るために必要な知識を身に付け、理解している。【知識・理解】 (ウ) 地形図やハザードマップなどから、墨田区の地域的特色を読み取ることができる。【技能・表現】
6～7	墨田区でPRしたい施設や場所について調べる。	・墨田区でこれだけは知ってほしいことを班で3つあげさせる。その際、歴史や文化遺産の他に墨田区の産業「小さな博物館」などについてふれさせる。 ・班で話し合った3つのことを知るために行くべき場所を考えさせ、観光地図などを参考に場所を確認させる。 ・行くべき場所についての情報を図書やインターネット等を通じて調査させる。 ・行くべき場所を区外の人にわかりやすく紹介するために必要な取材の方法や機材について話し合う。	(ア) 今まで学習したことをもとにして、墨田区でPRしたいことを複数あげることができる。【関心・意欲】 (ウ) 墨田区でPRしたい場所についての情報を、さまざまな媒体を通じて集め、その中から必要なものを選択することができる。【技能・表現】
8～9	墨田区でPRしたい施設や区内を実地調査する。	・野外調査の際には、「初めて施設を訪れる」という視点から、観光のために「こんなものがあったらいいな」と思うものを意識しながら調査する。 ・観光のために必要なものやそれが必要な場所を、地形図に落とす。 ・紹介したい施設や場所の良いところや改善点を取材する。	(ア) 墨田区の地域の課題について追及しようとしている。

10〜12	取材してきたことを、地図にまとめ、発表する。	・調査した内容を班で地図にまとめる。 ・班ごとに調査した内容を発表する。	(ウ) 実地調査してきたことを地図上にわかりやすくまとめ、他の生徒にわかりやすく言葉で表現している。
13	「国際観光都市すみだ」を実現するために課題を見つけ、レポートにまとめる。	・前時に発表で出てきた、観光客をもてなす課題について確認する。 ・観光客をもてなす課題を班でさらに話し合い、クラスで意見を出し合う。	(ア) 墨田区の地域の課題について追及しようとしている。【関心・意欲】 (イ) 墨田区の地域の課題について、さまざまな視点から考え、わかりやすく表現している。【思考・判断・表現】

むすびにかえて

　本稿では、単元「身近な地域の調査」に「地域の将来」を見据えた視点を取り入れた単元を構想するために、中学校学習指導要領や「身近な地域の調査」に関する論文や指導案、「社会参画」に関する論文等を参考に論じてきた。見えてきたのは、「地域の将来」を考えるときに、生徒たちに「自分たちの街をどうしたいか」という切実感を持たせるのが課題だということだ。

　単元「身近な地域の調査」の学習を終えて、本所中学校1年生に「将来墨田区に住み続けたいか？」という質問をしてみた。すると、大半の生徒が「他の街に住みたい」と答えた。生徒たちには、墨田区に魅力がないのだろうか。一方で、親子3代4代が墨田区に住んでいるという家もあり、保護者によっては地域をこよなく愛している方々もいる。住民でも、古くから住んでいる人と近年マンションに引っ越してきた人との間にも、考え方に隔たりがあるように思われる。筆者はかつて墨田区の社会科副読本の執筆に携わったが、その際住民・行政・商店主それぞれが個別に考えを持ち、対象によっては、大きな隔たりがあることがわかった。

　生徒たちに切実感を持たせる場合、まず自分の住んでいる地域をよく知る

ことが大切である。そして、自分の住んでいる地域のことをふまえて、住民・行政・商店主・観光客のうち、いずれのどの視点に立って「自分たちの街をどうしたいか」を考えさせるのが今後の大きな課題であろう。その際、ロールプレイやパネルディスカッションなどの学習手法を取り入れて行うとさらに効果的になると考えられる。また、「身近な地域の調査」で顕著となった課題や将来像を、公民的分野でどのように生かしていくのかも研究の余地があると思われる。

注

1), 2) 文部科学省『中学校学習指導要領解説　社会編（平成20年9月）』日本文教出版、2008年、2-3頁

3) 文部科学省『中学校学習指導要領解説　社会編（平成20年9月）』日本文教出版、2008年、7頁

4) 文部科学省『中学校学習指導要領解説　社会編（平成20年9月）』日本文教出版、2008年、56-57頁

5)「世界と日本の様々な地域を学習した後に位置付けることで、既習知識、概念や技能を生かすとともに、地域の課題を見いだし考察するなど社会参画の視点を取り入れた探究型学習を地理的分野の学習のまとめとして行うこと」について久山将弘は、「学習構造上、習得―活用―探究の考え方が基盤となっていることを押さえたい。習得では地理的な見方や考え方を育成する上で必要な知識や概念を学習する。活用では事実と事実を関連付けて考察することで、自らの地理的な見方や考え方をより成長させていく。探究では地理的な見方や考え方を自ら必要な場面に応じて活用できるようにしていくのである。この中項目は最後の探究部分に位置付けられ、既習のすべての知識、概念、技能を活用しやすいようになっているのである。特に前の中項目である「日本の諸地域」で示された7つの考察の仕方を活用することで身に付けた地理的な見方や考え方は大いに活用できる」と「身近な地域の調査」の地理的分野の位置付けや学習内容について指摘している。

　堀内一男・大杉昭英・伊藤純郎編著『平成20年改訂　中学校教育課程講座　社会』ぎょうせい、2009年、60頁

6) 文部科学省編『中学校学習指導要領解説　社会編（平成20年9月）』日本文教出版、2008年、10頁

7) 久山将弘は、「社会参画の視点を入れたそのねらいは、……地域社会の形成に参画するプロセスを体験させることではないということである。実際に地域の課題を解決す

るために都市計画を考え提案するような学習であれば、公民的分野の地方自治や地方財政という視点が必要であろう」と述べており、生徒が提案したよりよい地域プランの中に、何がどれくらいかかり、住民の負担が必要であるという類の高度な社会参画は地理的分野には求められていないと考える。そして、久山は「その鍵となるのが『解説』で示されている地理的な見方や考え方の『⑤そのような地理的事象はその地域でいつごろからみられたのか、これから先も見られるのか、地域の変容をとらえ、地域の課題や将来像について考えること』である」と述べているように、生徒の疑問から地域調査をして、よりよい地域にするための方策を考え、そのことを文章や発表で表現できればここでいう「社会参画」となると筆者は考える。

堀内一男・大杉昭英・伊藤純郎編著『中学校教育課程講座　社会（平成20年改訂）』ぎょうせい、2009年、58頁

また、「身近な地域の調査」の学習手順について、次のような例があげられている。
①取り上げる地理的事象を決める。
②地理的事象をとらえる調査項目を決め、野外での観察や調査を行う。
③とらえた地理的事象について分布図等に表す。
④傾向性や規則性を見いだし、地形図や関係する主題図と見比べてみる。
⑤地理的事象を成り立たせている要因を調べ、関連を調査する。
⑥地域的特色としてまとめ、地域の課題や将来像について考察し意見交換する。
⑦地図等に分かりやすくまとめ、調査結果を発表する。

文部科学省編『中学校習指導要領解説社会編（平成20年9月）』日本文教出版、2008年、60頁

8)「中学校社会科公民的分野の学習の流れ」文部科学省『中学校学習指導要領解説社会編（平成20年9月）』日本文教出版、2008年、97頁

　また、「よりよい社会を目指して」は、「課題の探究については、一定の方法があるわけではないが、一般に、課題の設定、資料の収集と読取り、考察とまとめ、といった手順が考えられる。その際、例えば、中間発表、ディベート、議論、プレゼンテーションなどをさせ、最終的にはレポートを提出させることが考えられる。また、科学的な探究の過程や思考の過程を論理的に表現することができるよう指導することも大切である。レポートの作成については、例えば、「探究のテーマ」、「テーマ設定の理由」、「探究の方法」、「探究の内容（調べて分かったこと）」、「探究のまとめ（気付いたこと・考えたこと）」、「参考資料」等の項目を設けて記述させるなどして、一つのまとまったものに仕上げて生徒に成就感をもたせることが大切である」と学習方法が示されている。同上、119頁

9) 文部科学省編『中学校学習指導要領解説社会編（平成20年9月）』日本文教出版、2008年、20-21頁
10)「身近な地域の調査」の単元計画は、以下のものを扱った。

A　竹内之博「1年6組社会科学習指導案（地理的分野）」さいたま市立白幡中学校、2002年11月
　　さいたま市立教育研究所　http://www.saitama-city.ed.jp/03siryo/sidouan/j/j_syakai/0150200103%E8%BA%AB%E8%BF%91%E3%81%AA%E5%9C%B0%E5%9F%9F.pdf
　　B　「第1学年　地理的分野　地域の規模に応じた調査『身近な地域』」埼玉県桶川市
　　『言語活動の充実を図る学習指導の在り方に関する調査報告（小学校、中学校、高等学校）』埼玉県立総合教育センター、2009年。http://www.center.spec.ed.jp/d/h21/331/junior/j_syakai/chushakaijirei1.pdf
　　C　七木田俊・佐藤幸也「中学校社会科地理的分野における『身近な地域』の学習と評価」『岩手大学教育学部附属教育実践総合センター研究紀要』第2号、2003年3月、159-173頁
　　D　越智裕司「授業のエキスパート養成事業（第1学年社会科）授業実践記録」今治市立伯方中学校、2009年10月。
　　E　伊東泰弘　中学校1学年「身近な地域を調べよう」佐賀県佐賀市立大和中学校、2007年10月

11), 12) 現行学習指導要領でも、平成10年版学習指導要領でも、「身近な地域の調査」のねらいは以下のような文言で大きな変化はない。「この中項目は、直接経験地域の地理的事象を学習対象として、観察や調査などの活動を通して、身近な地域に対する理解と関心を深めさせるとともに、市町村規模の地域の調査を行う際の視点や方法を身に付けさせることを主なねらいとしている」。本稿では、5つの指導案を平成10年版学習指導要領の内容にしたがって本文表のような「学習内容」「学習方法」とした。ただし、「地域の将来像を話し合う」項目については、現行から新たに加わったものである。引用は、文部科学省『中学校学習指導要領解説　社会編（平成20年9月）』日本文教出版、2008年、67頁

13) 佐藤浩樹は、佐島群巳の「生きて働く力の育成の重要性」を引用し、「その基礎は子どもたちが社会的事象に直接向かい合う地域学習でこそ培われるものである」と述べている。そこで、「調べたことをもとに立場を変えて考えたり、考えたことをもとに自分なりに行動したりすることが必要になってくる」として、「地域に対する主体的な実践力を育てる社会科学習として『地域の未来を考え提案する社会科学習』を提案」している。佐藤浩樹『地域の未来を考え提案する社会科学習』学芸図書、2006年、10頁

14), 15) 佐藤浩樹「社会形成参画学習の課題と展望――小・中学校社会科地理的学習を中心に」『地理教育研究』No.4、2009年7月、4頁

16) 授業構想「T競馬場跡地利用問題」をまとめると次のようになる。
　　佐藤浩樹「PISA型読解力を育てる基礎基本問題連続型テキストの開発と指導のポ

イント」『社会科教育』No.581、明治図書、2007年10月、10-13頁

〈テキスト〉人口約34万人のT市では、赤字によって廃止されたT競馬場の跡地をどう利用するかが問題となっている。T競馬場跡地は県の交通拠点であるT駅から東へ徒歩10分の場所に立地し、約10haの広さがある。T市は駅西口に商業施設が集まり、東口にあるT競馬場跡地周辺は住宅地が広がっている。
T市はT競馬場跡地利用検討会議を設置し、跡地利用について話し合いを行った。その結果
　①T市らしさのあるT市のシンボルとなるような利用
　②T市にとって本当に必要なものを考えた利用
という基本方針が示され、利用のアイデアも多く出された。しかし、最終的な結論はまだ出ておらず、現在も市民から跡地利用について広く意見を求めている。

〈授業構想〉
　①T競馬場跡地利用のアイデアを自由に出させる。その後、シナリオに示された条件を満たしているか検討する。
　②子どもたちの意見の中からサッカー場建設の意見を取り上げ、次のような課題を提示する。

T競馬場跡地に2万人収容のサッカー場を建設する案があります。この案に賛成か反対か。考えの根拠も示してください。

　サッカー場は、話し合いのための素材である。子どもたちの考えは分かれると思うが、この情報だけでは決められないという声が出るに違いない。そこで、「自分の考えを決めるためにもっと知りたいことは何か」と聞く。子どもたちからは、「計画をもっと詳しく知りたい」「T市らしさとはどんなことか」「市民の意見はどうか知りたい」「費用はどれくらいかかるのか」「人は集まるのか。赤字にならないか」「駐車場は足りるのか。」「近所の人に迷惑にならないか」
　それらの資料は、WEBページ等で調べさせ、教師側からも資料提示する。
　③サッカー場建設案の賛否を話し合う。自分に欠けていた視点があったら、最終的な提案に取り入れるようにさせる。最後に、話し合いを通して跡地利用についてどんなことを大切にしたいと思うか考えさせる。
　④T競馬場跡地利用について自分の考えをT市に提案する。

参考文献

永田成文「社会参画の視点からの中学校『身近な地域の調査』の検討」『地理教育研究』No.4、2009 年 7 月、5-6 頁

松岡尚敏「社会科における社会参加をめぐる諸問題」『宮城教育大学紀要』第 39 巻、2005 年 3 月、95-110 頁

社会科公民的分野研究会「よりよい社会の形成に参画する生徒の育成 II」日本社会科教育学会自由研究発表レジュメ、2010 年 11 月

4

東京都の学校設定教科 「日本の伝統・文化」と 「現代世界と日本の歴史・文化」

「漫画・アニメ・ゲーム」を取り入れる授業の試みについて

武藤智彦

はじめに

　周知の通り、現在の学校教育においては、「生徒に興味・関心を持たせる授業」の構想と実践が常に求められている。とはいえ「言うは易く行うは難し」の言葉通り、生徒の興味や関心を惹く授業は、なかなかうまく展開できないのが現状である。こと筆者が担当している定時制課程の実態を見ると、授業、特に歴史関係科目のそれに興味・関心をもつ生徒の割合は、全日制課程の学校に比べるとさらに低いものと推察される。

　とはいえ、定時制課程の生徒を見ると、さまざまな境遇のもとで日常生活を営んでいる実態がうきぼりとなる。仕事をしている生徒、していない生徒、異民族でありながら日本で生まれた生徒、外国に由来を持つ生徒などである。また、彼らの多くは、テレビや新聞をさまざまな事情から見たり読んだりしていない。そのような彼らにとって、共通の関心事がある。それが「漫画」「アニメ」「ゲーム」ではないかと思われる。これらの若者文化をなんとか授業で活用できないかと考えてみたが、普通校ではなかなか難しいのが現状であった。「ゲーム」や「アニメ」を主軸にする授業など「夢のまた夢」と考

えていたが、後に述べるように、東京都の「日本の伝統・文化理解教育推進事業」の一環の「学校設定科目」として実現が可能となったのである。本稿は「ゲーム」「アニメ」「漫画」などを取り上げ、授業開設までの経緯・経過と手探りで行いつつある実践例などをまとめることとする。

1　東京都の「日本の伝統・文化理解教育推進事業」について

　東京都教育委員会では2005（平成17）年度より「国際社会に生きる日本人としての自覚と誇りを養うとともに、多様な文化を尊重できる態度や資質をはぐくむ教育を推進する」ことを目指して、「日本の伝統・文化理解教育推進事業」[1] を行っている。この「伝統・文化」推進事業では、「日本の伝統・文化理解教育」推進会議の設置や、都立高校の学校設定教科・科目「日本の伝統・文化（仮称）」のカリキュラム開発などを行っており、2007年度より都立高校において、学校設定教科・科目として教育課程に位置付けて取り組みを進めてきている。

　「学校設定教科・科目」とは学習指導要領に示す教科・科目以外の教科・科目で、各学校が名称、目標、内容、単位数等を定めて設けることができるものであり、本来は学校が地域及び生徒の実態に応じて定めることができると規定されている。とはいえ、都では「伝統・文化」推進事業の一環として各学校の「学校設定教科」において、「日本の伝統・文化」という教科の設置を進めてきている。東京都教育庁指導部企画課が発行している「伝統・文化ニュース第5号」[2] によれば、2009年の時点では都立学校のうち、46校48課程において「学校設定教科・科目」として「日本の伝統・文化」を設置し、「毎年増加」しているとしている。

2　東京都の定義する「日本の伝統・文化」

　すでに触れた「ゲーム」「アニメ」「漫画」と「伝統文化」は一見全く無関係のように思えるが、実のところ、少なからず関わりがあるのである。その

ような事情から「伝統文化」、あるいは「伝統・文化」の言葉の違いや使い分け、定義について触れておくこととする。

　東京都教育委員会がいう「日本の伝統・文化（以下「伝統・文化」）」とは、狭義の「日本の伝統文化（以下「伝統文化」）」とは異なるものとされている。都の解釈に従えば、いわゆる「伝統文化」は「長い年月を経て、日々の中で様々に形を変えて伝わってきたもの」、あるいは「長い年月を経てはぐくまれてきた」ものとされている。他方「なかぐろ」の入った「伝統・文化」は「伝統文化」より広い概念で捉えており、「伝統的な文化が日々の生活のなかで様々に形を変えて伝わり、生まれ変わり、新たな文化となって未来へと連綿と受け継がれ、生き続けることを意味する」と定義付けられている。そして「伝統・文化」には、「長い年月を経て、日々の中で様々に形を変えて伝わってきたもの」、「現代において評価され価値のあるもの」及び「新たな文化となって未来へと連綿と受け継がれて生き続けるもの」があり、それらは「互いに重なり合って過去から未来への流れを形成している」とされている。都の定義する「伝統・文化」を考える上で、狭義の伝統文化にとどまることなく、歴史的な「過去・現在・未来」の視点を取り入れ、特に「新たな文化となって未来へ」と受け継がれるべきものを「伝統・文化」の一部として認めたところは興味深い点といえよう[3]。

　さらに付け加えるとすれば、「新たな文化の創造」として、「日本における現代の文化には世界的に高い評価を得ているものが多い。なかでも漫画、アニメーション、ファッションなどは注目を浴びており」として、「漫画」や「アニメーション」などというような、今までの教育分野ではあまり取り入れられてこなかった、子どもたちにとって親しみやすい文化が含まれていることは特筆すべき点である。

　「日本の伝統・文化」における教育課程編成の基本方針の中で、教科の「目標」を「国際社会に生きる日本人としての自覚と誇りを養うとともに、多様な文化を尊重できる態度や資質をはぐくむ」と定めているが、「目標を達成するために特に留意する事項」の中に「世界的に評価されている日本の「アニメーション」などの新たな文化の理解と、その根底にある日本の伝統文化及び日本人の創造力に誇りをもつこと」[4]とされており、ここでも「ア

ニメーション」などの新しい文化をそれなりに重視する姿勢をうかがい知ることができる。

3　都立学校での学校設定教科・科目「日本の伝統・文化」について

　前出の「伝統・文化ニュース第5号」では都立高校、中等教育学校、特別支援学校を含めた都立学校において開講されている「学校設定教科・科目」の「日本の伝統・文化」数は46校48課程に及ぶとされているが、同ニュースにおいては、「主な取り組み内容」も学校名とともに併記されている。以下、いくつかの取り組み方とその内容を列挙して見よう。

- 茶道の作法や箏曲の基本的な技法（田園調布高等学校・全日制）
- 日本の伝統的な華道、茶道／日本の心（つばさ総合高等学校・全日制）
- 日本の伝統文化の理解：茶道、生け花、禅、和太鼓、墨絵、百人一首等（深沢高等学校・全日制）
- 将棋の実践：詰め将棋、対戦／和太鼓の実技（杉並高等学校・全日制）
- 江戸東京の歴史学習、フィールドワーク／木彫、江戸切子等の作品制作（大江戸高等学校・定時制）
- 演劇の基礎的技術の習得／マルチメディアを用いた芸術表現（上水高等学校・全日制）
- 黄八丈織の歴史等の学習と実習／八丈焼きの歴史等の学習と実習（八丈高等学校・全日制）
- 手話による狂言／絵本の手話物語（中央ろう学校）
- 伝統的な行事、芸能、遊びの体験／昔の家並み・暮らしの学習（墨田特別支援学校）

　このように、特に2007（平成19）年度の本格実施以降、さまざまな都立学校において「日本の伝統・文化」の授業が開講され、各校の特色を生かしたい実践がそれぞれ行われているものと推察されるが、どちらかと言えば狭義の「伝統文化」の内容に近いものか、あるいはそれを多少発展させた内容が多いように思われる。とはいえ、「主な取り組み内容」を見る限りアニメー

ションなどの「新たな文化」は見当たらないようである。こうしたことから、筆者の「新たな文化」を主軸とした授業を都で「初めて」やってみようという思いが強くなっていったと言ってよい。

4　勤務校と「日本の伝統・文化」の関わり

　筆者の勤務校も 2007（平成 19）年度から 2 年間「伝統・文化」科目を 3 年生の必修選択科目として行っていた。本校の特色の一つである「国際理解」に関わる学校設定科目を「日本の伝統・文化」の科目として衣替えしたのである。

　その後、再び「日本の伝統・文化」科目を本校で行うこととなり、指導主事と管理職と筆者の間で「話し合い」が持たれた。筆者は「漫画やアニメ、ゲームを伝統・文化として授業を行う」ことを求めたところ、指導主事より「それは素晴らしい伝統・文化である」との回答を得た。こうして 2010 年度より筆者が「漫画やアニメ、ゲーム」を中心とした「伝統・文化」の授業を行うこととなったのである。

5　新科目「現代世界と日本の歴史・文化」

　内容の斬新さにも関わらず、職員会議においても、新科目が 3 年生の新たな必修選択科目として了承されることとなった。新科目名は「現代世界と日本の歴史・文化」とした。曖昧な科目名にしたのは、選択科目という特性上、科目名で当該科目に生徒が集中しないようにという配慮と、万一に備えて、次年度以降内容の微調整に対応しやすいようにと配慮したためである。もちろん第 1 時間目で「伝統・文化」とは何かを生徒に考えさせたい意図もあった。さらに言えば「現代世界」と「日本の歴史・文化」が関連していることを認識させたかったというのもこの科目名にした理由である。

6 「現代世界と日本の歴史・文化」の授業内容

1年間の「指導計画」案は別表のとおりである。基本的には「歴史・文化」というように、「アニメ」「漫画」「ゲーム」を中心とした文化の歴史をある意味「通史」的に行うこととした。1学期は「ラスコー」などの壁画から始まり、人類の祖先ははるか昔から「絵画」を描いていたことを知らせ、日本では「鳥獣戯画」などの作品を取り上げるように考えた。また2単位設定で2時間連続の時間割設定となっているので、2時間連続の座学を避け、後半の時間は「文化に触れる」ということでアニメーション作品の鑑賞を取り入れることを多く計画した。アニメ作品の選定に関しては、「(のちの時代に

別表　年間指導計画

1学期　指導内容
○「伝統・文化」とは何か ○中世以前における絵画にみる歴史と文化 ○日本の近世における歴史と文化 ○作品視聴と調べ学習
(1)「伝統・文化」とは何か 　・「伝統・文化」に対するイメージ 　・「伝統・文化」の定義の確認 (2) 旧石器時代の戯画・絵画 　・「ラスコー」「アルタミラ」の絵 (3) 古代・中世における戯画・絵画 　・「鳥獣戯画」などを中心に (4) 近世期の文化と戯画・絵画 　・前提としての江戸時代の社会について 　・文書による伝達システム 　・寺子屋教育と貸本屋 　・近世期の娯楽メディア (5) 時代を知る映像作品視聴 (6) 現代漫画等についての調べ学習 　・近代における漫画などからみる歴史と文化 　・戦争の時代とアニメ・漫画 　・現代史における漫画・アニメの役割 　・作品視聴と調べ学習

2学期　指導内容
○近代における漫画などからみる歴史と文化 ○戦争の時代とアニメ・漫画 ○現代史における漫画・アニメの役割
(1) 近代期の戯画・絵画 　・ビゴーの風刺作品 (2) 現代アニメで見る文豪の作品 (3) 映画の登場とアニメーション (4) ウォルト・ディズニーの時代 (5) 戦争の時代とアニメ・漫画 (6) 漫画家たちと戦争・平和 (7) 敗戦後の日本を映し出した漫画 　・『サザエさん』に見る新時代の女性 (8) 日本における漫画ジャンルの確立 　・手塚治虫の残した功績 (9) 70年代の転換とロボットアニメ (10) ビデオゲームとインターネットの登場 　・核兵器とテニスゲームの研究所 (11) 時代を知る映像作品視聴 (12) 現代漫画等についての調べ学習

3学期　指導内容
○国際化時代における日本の文化としての漫画・アニメ ○文化の担い手としての作品作成体験 ○次世代に伝えていきたい「伝統・文化」
(1) 世代や国境を越えるアニメ・漫画 　・『ドラえもん』にみる日常風景と科学 　・『ドラえもん』の国際的な普及 (2) 社会問題を訴えるアニメ・漫画 (3) ビデオゲームの普及とその変遷 (4) 二次創作の世界と著作権 (5) 簡単なデジタル漫画を作ってみよう (6) 時代を知る映像作品視聴 (7) 現代漫画等についての調べ学習 (8) まとめ　漫画・アニメと私たち　未来に伝えたい「伝統・文化」

作られた、座学で学んだ) 時代を写すアニメ」や「有名作家の作品」、あるいは「(座学で学んだ) その時代に作られたアニメ」を取り上げることとした。

7　科目の目標と「漫画・アニメ・ゲーム」と戦争に関わるエピソード

「現代世界と日本の歴史・文化」という科目には、4つの「科目の目標」が設定されている。
(1) 世界と日本の前近代の歴史に登場する絵画や戯画が、その当時の社会をどのように描いていたかを読み解く中で、その当時の歴史や文化を理解する。
(2) 近代の歴史の中で一般社会に普及した漫画やアニメーションが、人類にとって悲惨な経験となった戦争やそれを乗り越えて築き上げられた平和とどのような関係にあったかを関連資料を読み解く中で理解する。
(3) 現代の日本の大衆文化の中で一角を占めるに至った漫画やアニメーション・ビデオゲームが、どのような社会背景や作者の願いの中で作られ、人々に受け入れられていったかを作品を通して知り、それらが「日本の伝統・文化」になりつつあることに気づく。
(4) 国際化社会の進展の中で漫画やアニメーションが世界中に普及していたことを知る中で、「日本の伝統・文化」の重要性を知り、自らも文化の担い手になり得ることを理解する。

教科が「日本の伝統・文化」のために、あえて目標の中に「日本の伝統・文化」という文言を入れている感が否めなくはないが、それでも漫画やアニメ・ゲームのように、単なる表面的理解にとどまることなく、「戦争や平和」といった問題にも関わるように設定している。

授業の中では、漫画家の森田拳次やちばてつや（本名、千葉徹弥）らの「私の八月十五日の会」の活躍を取り上げた。「日本以外でも戦争で苦しんだ国は多々有って、戦争の残酷さ恐ろしさは充分学んだはずなのに、現在でも相変わらず地球のそこここで戦争が勃発し、人命が失われ、たくさんの涙が流され続けているのは情けない」[5]という想いを少しでも科目に反映できるように、「『アンパンマン』の主人公が、なぜ自分の顔を困っている人に食べさせるのか」という問いかけを行い、作者であるやなせたかし（本名、柳瀬嵩）

の戦争体験に基づく、ヒーロー像の話なども紹介した。

　また、原爆開発の「マンハッタン計画」に携わった、アメリカの物理学者ウィリアム・ヒギンボーサムについても取り上げた。彼は戦後、米国科学者連盟（FAS）の初代議長として、核兵器の使用反対を訴えつつ、核関連の国立研究所で勤務していたが、勤務施設の一般公開日に、来場者を楽しませるために「世界初の不特定多数が遊べるゲーム」を公開したエピソードを紹介し、核兵器とゲームの関連性、科学技術の有効利用というゲームにかける作者の想いなども紹介した。

8　実際の授業の反応と今後について

　本科目は2011（平成22）年度より開始し、まだ中途の段階である。年間を通しての生徒の評価・感想はまだわかってはいない。ただ、東京都が毎年実施している「授業評価アンケート」の1学期の結果を見る限り「満足度は高い」ようである。むろん授業ごとに、「知らなかった」「そうだったのか」「こんなことを授業でやるのか」といった感想は生徒からは聞こえてくる。年間を通じてどんなことが伝えられるのか、あるいは伝えていくべきか、今後とも考えていきたい。

おわりに

　東京都教育委員会が2001（平成13）年に定めた教育目標（前文）の中に「教育は、常に、普遍的かつ個性的な文化の創造と豊かな社会の実現を目指し、(中略)わが国の歴史や文化を尊重し、国際社会に生きる日本人の育成とを期して、行わなければならない」という文言がある。「日本の伝統・文化理解推進事業」もこの文言を一つの根拠として取り上げている。2006年の安倍晋三内閣時に「改正」された現行教育基本法では「普遍的かつ個性的な文化の創造」という言葉は削除されてしまったが、東京都の教育目標ではいまだに生きている。不思議な感覚であるが、さまざまな歴史の中で創り上げられてきた、マンガやアニメ、ゲームもこの中に含まれるべきものであろう。

さらにいえば、現行教育基本法では前文に「伝統を継承し、新しい文化の創造を目指す教育を推進する」と記されている。東京都のいう「伝統・文化」の定義と組み合わせて考えれば、現行教育基本法の理念と本科目の内容は合致しているということもできよう。

　とはいえ、実際の教育現場において「日本の伝統・文化」は、2007年度から都立高校で必修化された「奉仕」や2012年度の「日本史必修化」に並行して設置される都独自の科目「江戸から東京へ」と並んで、東京都が「上から」つくらせた「学校設定科目」という印象もあり、あまり好意的には受け入れられていないように思われる。しかしながら、このような流れを一面においては利用し、生徒が親しみやすい科目を設定してみるのもよいのではないかと考えている。生徒が「興味・関心」を持ちやすい事柄から、学びへと結びつけ、そこから他教科などの更なる学びへとステップアップできればと考えている。今後ともよりよい授業ができるよう、研究と自己開発に努めていきたい。

注

1) 概要については東京都教育委員会ホームページ　http://www.kyoiku.metro.tokyo.jp/buka/shidou/dentou_top.htm を参照されたい。
2) 東京都教育委員会：伝統・文化ニュース　http://www.kyoiku.metro.tokyo.jp/buka/shidou/bunka/dentoh_b5.htm
3) 都の「伝統・文化」の定義については、東京都教育庁指導部指導企画課『東京都立学校　学校設定教科・科目「日本の伝統・文化」カリキュラム』東京都教育委員会、2006年、2-4頁が詳しい。
4) 前掲『東京都立学校　学校設定教科・科目「日本の伝統・文化」カリキュラム』6頁
5) 「はじめに」私の八月十五日の会編『私の八月十五日　昭和二十年の絵手紙　百十一名の漫画家・作家達の作品集』私の八月十五日の会、2004年

5

実践報告「沖縄ウィーク」
日本史における3年間の成果と課題

杉山比呂之

■ はじめに

　筆者が勤務する専修大学附属高等学校[1]（以下、「本校」）では、高校2年時に沖縄本島への修学旅行を実施している。これに際し、本校では2007（平成19）年度まで次のような事前指導を行った。
　① 10月～11月：体験学習の体験項目について生徒各自の希望調査・集約
　② 11月～12月：タクシー研修の見学地決定
　③ 1月：全体での修学旅行事前指導（半日）
　この他にも、月曜6時間目のLHRの時間を利用してクラスごとに事前学習や指導を行っているが、実際には時間の都合上、注意事項の確認にとどめたり、各科目が単独で事前学習を行うなど、内容は担当者及び学年の裁量次第というのが実情であった。
　しかしながら、修学旅行というものは「平素と異なる生活環境にあって、見聞を広め、自然や文化などに親しむとともに、集団生活の在り方や公衆道徳などについての望ましい体験を積むことができるような活動を行うこと」[2]であり、また実施上の留意点の中には「単なる物見遊山に終わることのない有意義な旅行・集団宿泊的行事を計画・実施するよう十分に留意すること」[3]とあるのだが、2007年度までは「単なる物見遊山」と言われても

仕方がない面があったと思われる。

そこで2008年度より、2年生の地理・日本史・政治経済[4]を担当している教員を中心に、2月1週目の各科目の授業で修学旅行の事前学習の一環として、「沖縄」をテーマに授業を展開することを企画し、この地理・日本史・政治経済の連携授業を「沖縄ウィーク」と銘打って実践している。さらに、2009年度は2学期のタクシー研修の見学地決定前の11月2週目に第一弾沖縄ウィーク、そして2月1週目に第二弾沖縄ウィークと称し、事前指導を拡大して実施し、2010年度もこれまでの反省をふまえて第一弾（11月8日〜12日）・第二弾（1月31日〜2月4日）沖縄ウィークを実施中である。

また修学旅行の詳細は、2010年度2年生11クラス（理系1クラス、文系10クラス）で編成され、前半5クラス（1班）が2011年3月5日〜8日、後半6クラス（2班）が同年3月6日〜9日という日程で行う予定であり、旅程は以下の通りである。

1日目は、①ひめゆりの塔・ひめゆり平和祈念資料館（糸満市米須）見学、②平和の礎・沖縄県平和祈念資料館（糸満市摩文仁）見学、また夜はホテルにて、③平和講話（沖縄戦体験者のお話を聞く）を行う。2日目は、各クラス内でグループ（1グループ3〜4人）を作り、貸し切りタクシーで事前に各自が計画したコースを回る"タクシー研修"を行う。3日目は、①美ら海水族館（本部町石川）見学、②琉宮城蝶々園（本部町山川）見学、③ニライカナイ（恩納村山田）で体験学習を行う。4日目最終日は、①琉球村（恩納村山田）見学、②首里城（那覇市首里金城町）見学、③那覇ショッピングセンター（那覇市西）見学を行う。

本稿では、「沖縄ウィーク」の日本史における3年間の内容及び成果と課題を紹介する。第1章では、「沖縄ウィーク」の日本史の授業内容を巻末の指導案に即して解説する。第2章では、「沖縄ウィーク」の日本史としての成果と課題を述べたい。

1 「沖縄ウィーク」の日本史の授業内容

第一弾沖縄ウィークは、2009（平成21）年度から実施され、日本史では2

時間配当で授業を実践している。2年間の第一弾沖縄ウィークのコンセプトとしては、以下の項目を掲げた。

　①世界遺産とは一体何か。世界遺産の概要から世界遺産登録までの流れや登録基準を知り、沖縄の世界遺産を知る土台を育む。
　②沖縄の世界遺産である「琉球王国のグスク及び関連遺産群」から沖縄の歴史を把握し、さらに沖縄の統計データを基に沖縄の"いま"を知る。

タクシー研修の見学地決定の直前ということもあり、「グスク（城）」[5]に焦点を当てながら、本校生徒たちに「単なる物見遊山」に終わらないタクシー研修にしてもらうように心がけて授業を展開していった。

1時間目は、2009年大ブームとなった「琉神マブヤー」[6]を導入として扱い、沖縄の方言から沖縄のイメージを抱かせていった。そして世界遺産の概要から海外の世界遺産、そして日本の世界遺産というように生徒に切実さを持たせながら焦点を移行し、最終的には「琉球王国のグスク及び関連遺産群」[7]へと視点を移させ展開した（《指導案A》）。また、2時間目は「琉球王国のグスク及び関連遺産群」がなぜ世界遺産になったのかというテーマから沖縄の歴史を概観し、最後に"いま"の「沖縄の基礎知識」（人口、失業率、県民所得、観光収入、3K経済など[8]）を把握させて総括とした。

第一弾沖縄ウィークは、タクシー研修の見学地決定前ということで、生徒の興味・関心の面でも合致しており、アンケート結果も非常に高い評価を得ている。また、実際のタクシー研修の見学地にも如実に反映され、2009年度以降グスクを見学地として選択したグループが明らかに増加していることも見逃せないだろう。

また、第二弾沖縄ウィークは2008年度から3時間配当で実施されており、2010年度は本稿執筆段階で実践前のため、こちらも2年分のコンセプトとして、以下の項目を提示した。

　①戦後沖縄史。特にメディア（テレビ・新聞・ラジオなど）を通じて、「沖縄返還」前と後の違いについて考える。
　②"沖縄のイメージ"論。沖縄の人々と本土の人々とのギャップと共有点を体感しながら考え、再構築する。

つまり、戦後から現在に至る沖縄に焦点を当てて、生徒が抱いている沖縄に対するイメージと、実際の沖縄を多面的・多角的に比較考察させることにより、沖縄イメージを再構築させるということである。その際、「沖縄返還」や「米軍基地」という事項を中心に、「沖縄」とは一体何なのか、そして「日本」とは一体何なのかという、いまだに根強く残る「沖縄問題」の本質を認識させようというものであった。特に、現在の生徒にとって沖縄は「観光地」であり、「太平洋戦争」との連想すら薄れてきているような現状に対して、教員側は常日頃から危機感を覚えていた。そこで、生徒たちの「沖縄＝観光地」というイメージからの脱却もコンセプトのひとつであった[9]。

　1時間目は、導入という側面もふまえて、生徒たちにグループワークを行わせ、グループ意識を抱かせるとともに、生徒にとって切実さを持たせる授業展開が必要であろうと考えた。(《指導案B》) そこで、グループワークを通じて、世界のなかの沖縄・日本のなかの沖縄・本土のなかの沖縄・沖縄のなかの沖縄という多面的な視点から、「沖縄」を概観させたうえで、「沖縄戦・米軍基地・琉球・沖縄返還・首里城（グスク）」という5つのキーワードを中心に、沖縄に対するイメージを膨らませながら、さらに他者のさまざまな沖縄に対するイメージを認識することにより、沖縄イメージの再構築をはかりながら、「沖縄」への理解を深めようとした[10]。

　1時間目は、「良い意味で日本史らしくない」、「みんなの沖縄に対するイメージがわかって良かった」などといった「沖縄ウィーク」実施後のアンケート結果からも生徒の反応も良好であり、2010年度も引き続き実施していく予定である。

　しかし、2時間目及び3時間目については、いまだ課題を残すものであり、今回は2008年度・2009年度分を比較考察したい。

　2008年度の2時間目は、導入部分にあたる1時間目の「沖縄イメージ」の授業内容を受けて、「沖縄返還」をテーマとして視聴覚教材を用いた授業を展開することとした。選定した視聴覚教材は、NHK『その時歴史が動いた』「忘れられた島の戦い〜沖縄返還への軌跡〜」（2007年8月1日放送）である。この視聴覚教材から「太平洋戦争」末期の沖縄戦以降、27年間もアメリカ合衆国の施政下に置かれた沖縄の実情と、「祖国復帰」に尽力したのち

に那覇市長を務める瀬長亀次郎の生涯を通して、現在の沖縄に至る過程を知ることにより、「沖縄＝観光地」イメージからの脱却と、沖縄と本土という根強い区別された認識に気づかせることをねらいとした。加えて、「祖国復帰」以降、現在まで残る「沖縄問題」（特に基地問題）を捉えさせることにより、沖縄を多角的・多面的に概観させることもねらいとした。特に、VTRの最後でスタジオゲストとして解説を加える我部政明氏（琉球大学教授）の「沖縄問題は、沖縄の問題だけではなく、日本の問題である」という言葉の意味を考えさせることにより、本単元のねらいでもある「沖縄」とは一体何なのか、そして「日本」とは一体何なのかという点に結びつけられるようにした[11]。

　同じく、2008年度の3時間目は、第1点に1・2時間目で再構築されつつある生徒たちの沖縄イメージと、沖縄出身・在住の人びとが抱いている沖縄イメージを比較することにより、新たな気づきを生み出すこととした。これには、どのような立場の沖縄出身・在住の人びとの沖縄イメージを扱うかが生徒たちのイメージを再構築するうえでも重要になるため、その選定には最後まで時間を費やした。検討の結果、「沖縄問題」をテーマに活動している演芸集団FEC「基地を笑え！お笑い米軍基地3」の視聴覚教材を用いて「沖縄問題」に対するイメージの対比を扱うこととした。さらに、第2点としてこちらも選定を重ねた4つの「沖縄問題」の資料を通じて、「沖縄」とは「日本」なのか、また、「沖縄」をどう捉えるべきなのか、今後の沖縄の在り方を模索しながら考えさせた。そして、第3点に「沖縄ウィーク」が開始される以前に抱いていた沖縄イメージと、単元終了時における沖縄イメージを比較させ、自らの新たなる沖縄イメージを生み出すことを総括も含めて行わせた[12]。

　しかし、2008年度の2時間目は映像資料に特化しすぎてしまい、さらに1時間目と3時間目との関連性も弱く、生徒のアンケートや担当教員の間からも次年度以降の必要性を再考しようという意見が出ていた。また、それに伴い3時間目も1時間配当では授業時間が不足しているように感じられた場面があり、2009年度はそれらの反省をふまえて3時間目の内容を土台にして2、3時間目を再構築した。

そして、2009年度の2時間目は、世相も反映させ「沖縄米軍基地問題」に焦点を当てて、沖縄米軍基地問題についての概要やそれらについての自らの意見を構築することを主とした。加えて、3時間目は"沖縄の平和"をテーマとして、「平和の礎」「しなすん」「くるすん」「たっくるすん」「命どぅ宝」「チムグリサ」というキーワードを軸に授業を展開し、総括として垣花真実「沖縄から来て思うこと」を読ませ、実際に垣花真実さんに手紙を書くという新たな試みを行った（《資料1》《資料2》参照）。

2　「沖縄ウィーク」日本史の成果と課題

　以上のように「沖縄ウィーク」も開始から3年目となり、試行錯誤を繰り返しながら実践を継続し、教員及び生徒にも事前に配布している告知プリント（《資料3》）の影響等もあって、だいぶ認知されてきており、学年（特に2年次）のサポート体制や他教科との連携もじょじょに構築されてきてはいるが、また新たな課題も出てきているというのが本音である。

　まず、2008年度の「沖縄ウィーク」終了後、日本史担当教員の中で認識していた課題はおおまかに以下のとおりである。

　①授業内容の精査不足：多くを伝えたい教員と消化不良に陥る生徒たち
　②各教科・科目間の連携不足：重複している授業内容と一本の軸がない授業構成
　③年間授業計画中の沖縄学習の位置付けの曖昧さ：定期試験・評価との兼ね合い

　①については、2009年度以降第二弾沖縄ウィークの内容面の大幅な修正からもわかるとおり、2008年度と比較すると、かなりの改善が見られているのではないかと考える。特に、地理・政経を含めた全授業をタクシー班のグループワークで行うことにより、社会系教科が苦手な生徒や学力で多少見劣る生徒についても、他の生徒がカバーしている様子が多々見受けられ、消化不良に陥っている生徒も少なくなってきている手応えを感じている。また、

②については大テーマを設定し、そのテーマに合わせて各科目からの立場で授業を構築するように何度も打ち合わせを行うことにより、初年度よりは大幅な改善が見受けられる。また、「沖縄ウィーク」に合わせ「沖縄」を扱った授業を展開する他教科も出てきており、システムとしては未だ構築されてはいないものの、"修学旅行の事前指導"が行われているという認識は広まってきている。

さらに、③については2009年度から、日本史担当が独自に作成している「年間学習方針」「授業年間予定表」及び「学習計画表」[13]に明記することにより、生徒は第2学年4月当初から評価に組み込まれるものと認識しつつ授業を受けることができ、2008年度のような「どこがテストの範囲になるのかが全くわからない」「テストの範囲にしないでほしい」といった生徒の意見もほとんど聞くことがなくなっている。

このように2008年度終了時点での課題はじょじょに解消されつつあり、また2008年度及び2009年度の修学旅行後のアンケートで、「沖縄ウィーク」の必要性を80％以上の生徒が感じてくれており、「沖縄ウィーク」の実施は現時点では成功といえるだろう。

しかしながら、この「沖縄ウィーク」は新たなる課題も生み出している。それは、日本史という教科の枠組みの中ではおさまらない問題でもあるのだが、第一に修学旅行事前・事後指導のより明確なシステム化の実現である。これには、これまでの「沖縄ウィーク」で築き上げたものを土台として、各教科・各学年が一体化して事前・事後指導を行う必要性がある。2009年度修学旅行を担当した学年からも、「今年度からは分掌から修学旅行委員会がなくなり、長年修学旅行を担当してきた先生もご退職され、十分な引き継ぎができず、入札の準備が遅れてしまったため、下見が2学期になってしまった。……該当学年の主任・副主任が分掌として修学旅行の企画運営に携われることは、学年の意向が大いに反映できて、良いことだと思う。ただし次年度以降の修学旅行にまで関与することは、1つの学年としてはなかなか難しい。……平和学習や体験学習を主目的とした修学旅行を、修学旅行までの2年間で生徒と関わる学年教員が、主体的に企画していくことが生徒のためになるはずである」[14]という意見があるように、今後は教科・学年という

枠組みを取り払い、学校全体で本校独自の修学旅行の在り方を模索していくことが急務の課題である。

　また、第二に本校の授業全体の根幹に関わる問題であるが、本校の生徒はグループワークやプレゼンテーションといったコミュニケーション能力・アウトプット能力を問われることが非常に苦手だということである。これは、本校の授業自体がいわゆる教授型の授業で大半を占めていることも要因のひとつであろう。日本史を担当している教員の中では、一方通行（ワンウェイ）の教授型授業からの脱却を目指しており、通常授業においてもなるべくグループワークや発表形式の授業を取り入れた学習ピラミッドに基づくアクティブラーニング型の授業を実践しているが、生徒の学習活動を考えると、非常に不得手といわざるを得ない。これも、今後学校全体の"授業力"の向上という面で、大きな課題のひとつであろう。

おわりに

　修学旅行に代表される学校行事は、いわば"学校力"が問われる場面だと考えている。そのような中で、本校の修学旅行はこれまでの伝統を継承しつつも、新たなスタイルを模索する時期に来ているのではないだろうか。修学旅行という行事に特化して考えてみると、やはり地歴・公民科という社会系教科が先導をしてそれらの事前・事後指導を行っていかなくてはならないだろう。そして、その礎がようやくできつつある今、いよいよ学校として「単なる物見遊山」にならない新たな修学旅行を生み出してゆかねばならないだろう。そのためにも、"継続は力なり"という言葉を信じて、今後もより生徒に切実さを持たせることのできる「沖縄ウィーク」を展開していきたい。そのためにも、中・長期的な視野を持ちながら、常に生徒たちの取り組みを観察・評価し、その効果を検証しながら、本校の修学旅行に即した事前・事後指導を行えるシステム作りを今後の課題としたい。

（追記）本稿執筆途中に、「沖縄ウィーク」に深く関わってくださり、私が本校入職当時から大変お世話になった東海林隆夫先生（地歴科）の突然の訃報（2010年9月ご逝去）に

接しました。

　心からご冥福をお祈りするとともに、今後も「沖縄ウィーク」をより充実した修学旅行事前指導にする決意をここで表明させていただきます。

注

1) 東京都杉並区にある私立高等学校（共学）である。全校生徒約1,200名。専修大学の附属高校として、毎年3年生の80％以上を専修大学に進学させている。

2), 3) 文部科学省『高等学校学習指導要領解説　特別活動編（平成21年7月）』2009年、61-62頁

4) 本校の地理・日本史・政治経済は、理系クラスが地理A・2単位、政治経済・2単位で日本史はなく、文系クラスが地理B・3単位、日本史B・3単位、政治経済・2単位で行われている。

5) 「ぐしく」とも。奄美・沖縄諸島にある城砦をいう。12～13世紀頃、各地に按司（あじ）と称する首長層が台頭して小高い丘を城砦とした。14世紀には有力首長の勢力拡大にともなって大規模化し、切石積城壁、アーチ門、礎石と基壇をもった瓦葺建物が出現する（山川出版社『山川日本史小辞典』参照）。

6) 沖縄県で活躍するローカルヒーロー及び琉球放送で放送された特撮番組である。当初、琉神マブヤーは男児用の土産物キャラクターとして製作され販売を促進させる目的で特撮番組が制作された。これが沖縄県民に受け早朝の時間帯に関わらず、最高視聴率9％という数字を叩き出した。

7) 2000年12月、琉球国王の居城だった首里城跡をはじめ、今帰仁城跡、座喜味城跡、勝連城跡、中城城跡、首里城跡などのグスクと、園比屋武御嶽石門、玉陵、識名園、斎場御嶽の9カ所が、世界遺産として登録された。グスクの独特な城壁や景観のすぐれた庭園、精神文化を伝える御嶽や陵墓が、人類共有の文化遺産として普遍的価値が認められたためである。

8) 前泊博盛『もっと知りたい！本当の沖縄』岩波ブックレット、2008年参照

9) 杉山比呂之・皆川雅樹ほか「授業実践　沖縄修学旅行時限学習「沖縄ウィーク」――地理・日本史・政治経済の連携」『専修大学附属高等学校　紀要（平成20年度）』第30号特集号、2009年、94-95頁

10) 杉山比呂之・皆川雅樹ほか「授業実践　沖縄修学旅行時限学習「沖縄ウィーク」――地理・日本史・政治経済の連携」『専修大学附属高等学校　紀要（平成20年度）』第30号特集号、2009年、95-96頁

11) 杉山比呂之・皆川雅樹ほか「授業実践　沖縄修学旅行時限学習「沖縄ウィーク」――地理・日本史・政治経済の連携」『専修大学附属高等学校　紀要（平成20年

度）』第30号特集号、2009年、98-99頁
12) 杉山比呂之・皆川雅樹ほか「授業実践　沖縄修学旅行時限学習「沖縄ウィーク」──地理・日本史・政治経済の連携」『専修大学附属高等学校　紀要（平成20年度）』第30号特集号、2009年、102-103頁
13) 本校の日本史では4月最初の授業で「年間学習方針」及び「授業年間予定表」を生徒に配付し、教科の目標・授業構成・評価等を明示している。また「学習計画表」という試験範囲も学期当初に配付している。
14) 平成21年度第2学年（学年主任　東海林隆夫）「平成二十一年度第二学年沖縄修学旅行実施報告」『専修大学附属高等学校　紀要（平成21年度）』第31号、2010年、109-110頁

資料・指導案 一覧

指導案A…「世界遺産とは何か？」（2010年度第一弾：1時間目）
指導案B…「みんなの"沖縄イメージ"とは？」（2008年度第二弾：1時間目）
資料①…2009年度版「「沖縄」とは一体、ナニ？」ワークシート（一部抜粋）
資料②…2009年度版「手紙の基本形式」
資料③…2009年度版「第二弾沖縄ウィーク開催のお知らせ」

参考文献・資料（第一弾沖縄ウィーク）

楳澤和夫『これならわかる沖縄の歴史Q&A』大月書店、2003年
大城将保『修学旅行のための沖縄案内』高文研、2006年
教材研究所『沖縄の旅　修学旅行ガイドブック』教材研究所
新崎盛暉ほか『沖縄修学旅行（第3版）』高文研、2005年
古田陽久・古田真美『世界遺産ガイド　世界遺産の基礎知識編（2009改訂版）』シンクタンクせとうち総合研究機構、2008年
古田陽久・古田真美『世界遺産ガイド　日本編（2006改訂版）』シンクタンクせとうち総合研究機構、2005年
平和・国際教育研究会『学び・調べ・考えよう　沖縄修学旅行ハンドブック』平和文化、2007年
前泊博盛『もっと知りたい！本当の沖縄』岩波ブックレット、2008年
松浦晃一郎『世界遺産　ユネスコ事務局長は訴える』講談社、2008年
公益社団法人日本ユネスコ協会連盟　http://www.unesco.jp/

琉神マブヤー公式サイト　http://www.mabuyer.com/index.html
修学旅行情報センター　http://shugakuryoko.com/

参考文献・資料（第二弾沖縄ウィーク）

沖縄をどう教えるか編集委員会『沖縄をどう教えるか』解放出版社、2006 年
垣花真実「沖縄から来て思うこと」『歴史地理教育』No.727、歴史教育者協議会、2008 年
小波津正光『お笑い米軍基地』グラフ社、2006 年
新城俊昭『高等学校　琉球・沖縄史（新訂・増補版）』編集工房東洋企画、2007 年
「沖縄の戦跡と軍事基地（新版）」編集委員会編『沖縄の戦跡と軍事基地（新版）』かりゆし出版企画、2007 年
多田治『沖縄イメージの誕生』東洋経済新報社、2004 年
多田治『沖縄イメージを旅する——柳田國男から移住ブームまで』中央新書ラクレ、2008 年
新崎盛暉ほか『観光コースでない沖縄（第 4 版）』高文研、2008 年
平和・国際教育研究会編『沖縄修学旅行ハンドブック（第 8 版）』平和文化、2007 年
前泊博盛『もっと知りたい！本当の沖縄』岩波ブックレット、2008 年
屋嘉比収ほか編『沖縄に向き合う——まなざしと方法』社会評論社、2008 年
立命館大学国際平和ミュージアム監修／石原昌家編著『オキナワ——沖縄戦と米軍基地から平和を考える』岩波書店、2006 年

《指導案 A》高等学校地理歴史科（日本史 B）学習指導案

2 年日本史担当

1、日時　　2010 年 11 月　　日（　曜日）第　　時限
2、学級　　2 年　　組（男子　　名、女子　　名、計　　名）
3、学級観　省略
4、教科書　『日本史 B　新訂版』実教出版
5、単位数　2 単位
6、単元名　「沖縄修学旅行　事前学習　〜沖縄ウィーク〜（世界遺産と沖縄）」
7、単元目標

　「顕著にして普遍的な価値をもつ人類共通のかけがえのない財産」であるユネスコ世界遺産の概要を把握したうえで、14 世紀の国家形成期から 18 世紀の王国文化の成熟期にかけての、中国・日本を主とした東アジア諸国との交易をとおしてうみ出した「琉球王国」独自の文化を象徴する「琉球王国のグスク及び関連遺産群」を通じて、「沖縄」の "過去" 及び "現在" を考察させる。

8、単元の指導計画
　（1）世界遺産とは何か？　　　　　　……1 時間（本時）
　（2）沖縄の世界遺産と沖縄の "今"　　……1 時間
9、本時の目標
　（1）ユネスコ世界遺産（文化・自然・複合遺産）の概要を把握したうえで、今後の世界遺産の在り方を考える。
　（2）海外の世界遺産を通じて、世界遺産登録までの流れと登録基準を理解し、世界遺産の意義を把握する。
　（3）日本の世界遺産を概観したうえで、沖縄には「琉球王国」としての独自の文化が存在していたこと、また、琉球王国が諸外国との交流の上に成立していたことに気づかせる。
10、本時の展開　　別記参照
11、評価
　（1）ユネスコ世界遺産（文化・自然・複合遺産）の概要を把握したうえで、

今後の世界遺産の在り方を考えられたか。
(2) 海外の世界遺産を通じて、世界遺産登録までの流れと登録基準を理解し、世界遺産の意義を把握できたか。
(3) 日本の世界遺産を概観したうえで、沖縄には「琉球王国」としての独自の文化が存在していたこと、また、琉球王国が諸外国との交流の上に成立していたことに気づくことができたか。

12、参考文献
- 楳澤和夫『これならわかる沖縄の歴史 Q&A』（大月書店、2003 年）
- 大城将保『修学旅行のための沖縄案内』（高文研、2006 年）
- 教材研究所『沖縄の旅　修学旅行ガイドブック』（教材研究所）
- 新崎盛暉ほか『沖縄修学旅行・第 3 版』（高文研、2005 年）
- 古田陽久・古田真美『世界遺産ガイド―世界遺産の基礎知識編―2009 改訂版』（シンクタンクせとうち総合研究機構、2008 年）
- 古田陽久・古田真美『世界遺産ガイド　日本編（2006 改訂版）』（シンクタンクせとうち総合研究機構、2005 年）
- 平和・国際教育研究会『学び・調べ・考えよう　沖縄修学旅行ハンドブック』（平和文化、2007 年）
- 前泊博盛『もっと知りたい！本当の沖縄』（岩波ブックレット、2008 年）
- 松浦晃一郎『世界遺産　ユネスコ事務局長は訴える』（講談社、2008 年）

※社団法人日本ユネスコ協会連盟ホームページ（http://www.unesco.jp/）
※琉神マブヤー公式 WEB サイト（http://www.mabuyer.com/index.html）
※修学旅行情報センター（http://shugakuryoko.com/）

10、本時の展開

	学習内容	生徒の学習活動	指導・支援上の留意点	資料等
導入 10分	VTR「琉神マブヤー」(第一話「ウチナーグチのマブイストーンがデージなってる」)鑑賞	※本時は、導入からまとめまで全てグループワークで進行する。	※生徒の状況に配慮しながら、適宜机間指導や発問を行い、生徒の学習活動の指導・支援を行う。	DVD
		◎沖縄修学旅行のタクシー班でグループを作り、役割分担を決定したうえで、VTRを鑑賞する。 ◎「琉神マブヤー」を鑑賞し、沖縄の方言や風景などから、沖縄ウィークに興味・関心を抱く。	★速やかにグループを作らせ、ワークシートを配付し、円滑に作業を進めるために役割分担(班長など)を決定させる。 ★「琉神マブヤー」が沖縄でブームとなった理由のひとつに、沖縄独特の文化が背景にあることに気づかせる。	ワークシート
展開 35分	世界遺産と沖縄	◎知っている世界遺産を挙げたうえで、さらに主要な海外の世界遺産について、その概要を把握して理解を深める。 ◎日本の世界遺産及び暫定リストを通じて、日本地理を把握するとともに、それらの概要を知り世界遺産についてさらなる知識を養う。 ◎世界遺産登録の基準及び流れを把握したうえで、「琉球王国のグスク及び関連遺産群」が10項目中のどの基準に当てはまって登録されたのかを、グループで話し合い、理由とともに各グループ代表者が発表する。	★文化・自然・複合遺産からなる「顕著にして普遍的な価値をもつ人類共通のかけがえのない財産」である世界遺産の概要を把握させる。 ★姫路城や厳島神社といった日本の世界遺産や、彦根城や富岡製糸場と絹産業遺産群といった暫定リストを把握させることにより、生徒自身の一般教養を育ませる。 ★「琉球王国のグスク及び関連遺産群」は、「ある期間、あるいは世界のある文化圏において、建築物、技術、記念碑、都市計画、景観設計の発展における人類の価値の重要な交流を示していること」など、3項目に該当して世界遺産に登録されたことを理解させる。	ワークシート

まとめ 5分	本時のまとめ	◎世界遺産の概要などについての感想をまとめたうえで、「琉球王国のグスク及び関連遺産群」が登録されていることに対して、自らの考えをまとめ、グループで意見交換を行う。	★世界遺産の概要を振り返ったうえで、日本の14の世界遺産（2010年8月現在）のひとつに「琉球王国のグスク及び関連遺産群」が登録されていることの重みと、その背景を認識させる。	ワークシート
	次時の予告	◎次時で「琉球王国のグスク及び関連遺産群」を通じて、沖縄の「過去・現在・未来」を概観することを知る。	★次時では、「琉球王国のグスク及び関連遺産群」に焦点を当てながら沖縄史を扱うことを告げ、本時と次時の接続性を認識させる。	

《指導案B》高等学校地理歴史科（日本史B）学習指導案

2年日本史担当

1、日時　　2009年2月　　日（　　曜日）第　　時限
2、学級　　2年　　組（男子　　名、女子　　名、計　　名）
3、学級観　省略
4、教科書　『日本史B　新訂版』実教出版
5、単位数　3単位
6、単元名　「沖縄修学旅行　事前学習　～沖縄ウィーク～（戦後沖縄史と沖縄イメージ）」
7、単元目標
　　第二次世界大戦後の沖縄を題材として、生徒が抱いている沖縄に対するイメージと、実際の沖縄を多面的・多角的に比較考察させることにより、沖縄イメージを再構築させる。その際、「沖縄返還」「米軍基地」という事項を中心に、「沖縄」とは一体何なのか、そして「日本」とは一体何なのかという「沖縄問題」の本質を認識させる。
8、単元の指導計画
　　（1）みんなの"沖縄イメージ"とは？　　……1時間（本時）
　　（2）沖縄返還への軌跡　　　　　　　　　……1時間
　　（3）「沖縄」とは一体、ナニ？　　　　　　……1時間
9、本時の目標
　　（1）世界の中の沖縄・日本の中の沖縄・本土の中の沖縄・沖縄の中の沖縄という多面的な視点から、「沖縄」を概観させる。
　　（2）「沖縄戦・米軍基地・琉球・沖縄返還・首里城（グスク）」という5つのキーワードを中心に、沖縄に対するイメージを再認識させる。
　　（3）他者の様々な沖縄に対するイメージを認識することにより、沖縄イメージの再構築をはかりながら、沖縄への理解を深める。
10、本時の展開　　別記参照
11、評価
　　（1）世界の中の沖縄・日本の中の沖縄・本土の中の沖縄・沖縄の中の沖

縄という多面的な視点から、「沖縄」を概観することができたか。
- (2)「沖縄戦・米軍基地・琉球・沖縄返還・首里城（グスク）」という5つのキーワードを中心に、沖縄に対するイメージを再認識することができたか。
- (3) 様々な沖縄に対するイメージを知ることにより、沖縄イメージの再構築をはかりながら、沖縄への理解を深めることができたか。

12，参考文献
- 沖縄をどう教えるか編集委員会『沖縄をどう教えるか』（解放出版社、2006年）
- 垣花真実「沖縄から来て思うこと」（『歴史地理教育』No.727、2008年）
- 小波津正光『お笑い米軍基地』（グラフ社、2006年）
- 新城俊昭『高等学校　琉球・沖縄史（新訂・増補版）』（東洋企画、2007年）
- 「沖縄の戦跡と軍事基地（新版）」編集委員会編『沖縄の戦跡と軍事基地（新版）』（かりゆし出版企画、2007年）
- 多田治『沖縄イメージの誕生』（東洋経済新報社、2004年）
- 多田治『沖縄イメージを旅する』（中央公論新社、2008年）
- 新崎盛暉ほか『沖縄修学旅行（第3版）』（高文研、2005年）
- 平和・国際教育研究会編『沖縄修学旅行ハンドブック（第8版）』（平和文化、2007年）
- 前泊博盛『もっと知りたい！本当の沖縄』（岩波ブックレット、2008年）
- 屋嘉比収ほか編『沖縄に向き合う――まなざしと方法』（社会評論社、2008年）
- 立命館大学国際平和ミュージアム監修・石原昌家編著『オキナワ――沖縄戦と米軍基地から平和を考える』（岩波書店、2006年）

10、本時の展開

	学習内容	生徒の学習活動	指導・支援上の留意点	資料等
導入 10分	2つの日本地図	※本時は、導入からまとめまで全てグループワークで進行する。 ◎沖縄修学旅行のタクシー班（1班もしくは2班1セット）でグループを作り、ワークシートに①東京を中心とした日本地図、②沖縄を中心とした日本地図を描く。 ◎2つの日本地図を比較して、各自が抱いている沖縄の視覚的イメージを共有する。	※生徒の状況に配慮しながら、適宜机間指導や発問を行い、生徒の学習活動の指導・支援を行う ★速やかにグループを作らせ、ワークシートを配付し、円滑に作業を進めるために役割分担（リーダーなど）を決定する。また、下書き用のメモ用紙も同時に配付する。 ★作業が進行しないグループには、教科書・資料集等の当該箇所を伝えるなど各グループの状況に十分配慮する。	ワークシート編 メモ用紙
展開 30分	沖縄イメージ	◎指定された沖縄に関連する5個のキーワード以外に、グループで10個以上を挙げて、ワークシートに記入をする。 ◎指定された5個のキーワードとグループで挙げたキーワードの中から5個を選択し、「良い・悪い／古い・新しい」の4項目のどれに該当するのかを話し合い、理由をワークシートにまとめる。 ◎5つの指定キーワードと、5つの自由キーワードのカードを作成後、2つのグラフに貼り付ける。	★沖縄ウイークのテーマ曲である「島人ぬ宝」・「さとうきび畑」や「島唄」などの沖縄に関わる曲をBGMとして流し、作業の際の一助とする。 ★キーワードに対する理由を短絡的なものにさせないために配慮する。また、机間指導を行いながら、状況をみて、黒板にグラフを描く。 （指定キーワード：沖縄戦・米軍基地・琉球・沖縄返還・首里城（グスク）） ★指定キーワードカードは事前に作成したものを配付し、自由キーワードカードは速やかに作成をするように促す。	ワークシート編 カード カード 黒ペン

まとめ 10分	本時のまとめ	◎2つのグラフの状況を確認し、気づいた点を発言したうえで、ワークシートにまとめる。 ◎沖縄に対するイメージを見つめ直し、「沖縄」とは何かを考える	★他グループとの比較を念頭に置かせながら、まとめさせる。その際、クラス毎に1名選出し、グラフの記録をとらせる。 ★沖縄イメージを再構築させるきっかけとして、それまでのイメージに固執しないように配慮する。	クラス用グラフ記録用紙
	次時の予告	◎次時で「沖縄返還」についての授業を行うことを知り、予習に役立てる。	★資料プリント編を配付しながら、次時では「沖縄返還」を扱うことを告げ、本時と次時の連続性を認識させる。	資料プリント編

《資料1》
2年日本史・沖縄ウィーク（2010年2月）

"沖縄"とは一体、ナニ？

＜沖縄ウィーク（日本史）討論メンバー＞　　　　2年〔　〕組　タクシー班

〔　〕班	番	番	番	番

【作業1】沖縄番組「お笑い米軍基地（全米女子ゴルフ～嘉手納基地オープン～）」を見た感想。

【作業2】〔事例2〕「沖縄の平和希求のこころ」を読み、以下の問いに答えてください。
問1．「平和の礎」とは何か？説明してください。

問2．「しなすん」「くるすん」「たっくるすん」とは何か？説明してください。

問3．「命どぅ宝（ヌチドゥタカラ）」の意味と由来を説明してください。

問4．「チムグリサ」と米軍基地問題を関連させて、自分の意見を書いてください。

【作業３】［事例３］垣花真実「沖縄から来て思うこと」を読み、今まで学習したことをふまえて、垣花さんに手紙を書いてみましょう。

《資料2》
【2年日本史：沖縄ウイーク】

《 手紙の基本形式 》

垣花 真実 様

拝啓[※1]、初春の候、ますますご活躍のこととお慶び申し上げます。

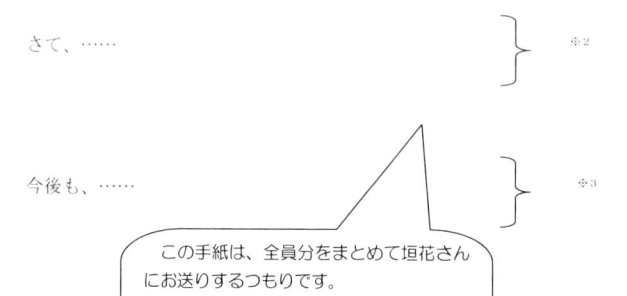

さて、……　　　　　　　　　　　　　　　　[※2]

今後も、……　　　　　　　　　　　　　　　[※3]

　　　　　　　　　　　　　　　　　　　　　　敬具

> この手紙は、全員分をまとめて垣花さんにお送りするつもりです。
> 　読み手のことを考えながら、手紙の形式をしっかり守りつつ、垣花さんに今までの沖縄について学んだことを活かして、率直な気持ちを述べてみよう！

　　　　　　　　　　　　　　　　　　平成22年2月○日
　　　　　　　　　　　　　　　　　　専修大学附属高等学校
　　　　　　　　　　　　　　　　　　2年○組○番　専修 健二[※4]

※ 1：おなじみの「拝啓」「謹啓」をはじめ、「拝復（返信の場合）」、「前略（急ぎの場合）」など、冒頭に書く手紙固有の挨拶語です。女性のプライベートな手紙の場合は省く方が普通です。もしくは、「ひと筆申し上げます」「前文お許しください」や「謹んでお手紙差し上げます」などを柔らかい表現を使う方がいいでしょう。

※ 2：時候の挨拶、相手の近況（安否）を尋ねる、自分の近況（安否）を知らせる、というのがいわば三大要素ですが、場合に応じて全部揃っていなくても構いません。最近会ったばかりなのに「お元気ですか」などと書くのは違和感がある場合もあります。「前略」「冠省」など、急ぐことを示す頭語を使う場合は、前文は省いた方がいいでしょう。

※ 3：健康を祈る、返事を求める、などを使います。結語は頭語と対応させて「拝啓」なら「敬具」、「前略」なら「草々」などと決まっています。

※ 4：日付、自署、あて名を入れます。
　　　　　　　　　　　　　　　　　　　　参照：日本郵便HP

《資料3》
【2年地理・政経・日本史合同企画】

2010年1月29日(金)

第二弾沖縄ウイーク開催のお知らせ

☆沖縄ウイークとは？☆
　2年の社会科系科目の地理・政経・日本史で、沖縄修学旅行の事前学習の一環として、沖縄を題材にした授業の第二弾を**2月1日（月）～2月5日（金）**の一週間にわたって行います。
　沖縄修学旅行を純粋に楽しむだけではなく、「沖縄」というものを多角的・多面的に捉えて、より充実した修学旅行にできるよう、様々な「沖縄」を吸収してみてください。

＜沖縄ウイーク開催のお昼休みには…＞

BEGIN「島人ぬ宝」＆森山良子「さとうきび畑」などが流れます！

ぜひ歌詞に着目しながら、聞いてみてください。

＜各科目のコンセプト＞

《政経：1時間》
① 「住民を巻き込んだ沖縄戦」をキーワードに、本当の宝物とは何なのか、戦時中から現代に至るまでの沖縄の人々の思いについて考える。

《日本史：3時間》
① "沖縄のイメージ"論。沖縄に対する各個人のイメージを皆で共有したうえで、再構築する。
② 戦後沖縄史の問題点を、様々な視点から捉え直し、改めて「沖縄」とは何なのかを考え直す。

沖縄

《地理：2時間》
① 首里城再建に関するDVDを鑑賞する。
② 首里城を中心に、修学旅行で訪れる主要地域の地形図の読図を行い、都市の形成過程や地域の成り立ちを学ぶ。

@ **具体的な授業内容は開始してからのお楽しみ…**
　みなさんの "積極的" な学ぶ姿勢を期待しています@

6

実物資料を活かした
博物館における歴史学習
芝山町立芝山古墳・はにわ博物館の事例

奥住　淳

はじめに

　筆者の勤務する芝山町立芝山古墳・はにわ博物館では、毎年5月から6月にかけて校外学習の一環として見学に訪れる小学校が多くなる。そのほとんどが、当館の展示テーマが「古墳とはにわ」ということもあり、歴史を習いはじめた小学校6年生である。児童にとっても博物館の見学は、初めての場合が多く、短い時間ではあるが当館の展示や所蔵資料を通して、歴史や文化財に興味をもってもらえるよう試行錯誤しながら対応している。

　社会科歴史学習での博物館活用の意義について、筆者は、学習指導要領や博物館教育の特性をふまえて、①地域を視点とした学習（地域史）、②児童生徒の主体的な学習、③「もの」から歴史を考える場として有効、であることを提示した[1]。その当時は、学校での博物館活用について1989（平成元）年版学習指導要領で明記されたばかりでもあり、そうした実践記録もそれほど多くはなかったが、その後、子ども向けの普及事業や学校向けプログラムや展示を行っている館も多くなり、活用しやすい条件も整いつつある。筆者も博物館側（学芸員）として当事者の一人となった。そこで、本稿では本館における学校の利用状況と学習プログラムを紹介し、その成果と課題を提示す

ることで、より有効な博物館学習のあり方を探る一助としたい。

1 芝山町立芝山古墳・はにわ博物館における学校利用の現状

(1) 博物館の概要

　芝山町は、千葉県の北東部に位置し、成田国際空港の南に隣接する人口約8千人の小さな町である。町内には旧石器時代から中世の城郭跡まで173カ所の遺跡が確認され、その中で県内でも有数の古墳の密集地である。町では、はにわが行列したように出土したことで有名な国指定遺跡・芝山古墳群（殿塚・姫塚）にあやかって、「はにわ祭り」や道路沿いへの「はにわ像」設置など「はにわ」を町おこしに活用している。

　本館もその一翼を担うべく、「房総の古墳とはにわ」をテーマとして1988（昭和63）年に開館した。その間、はにわづくり教室や古墳めぐり、友の会活動などの普及事業を展開し、2003～2005年度には展示替えを実施し、マンガによる親しみやすい展示解説を試みている。そのねらいについて、展示替えを行った前任の学芸員は、「キャラクター達がマンガによって、くだけた、分かり易い展示解説をすることによって、学問的な解説口調ではなく、問いかけたり、意見を聞く、疑問をいだかせるように学芸員の代理としてキャラクターやマンガの人物と観覧者が対話して、見る人に親近感を感じさせ、学芸員が解説しているものに近づける」[2]ことにあると述べている。

　展示室は3つに分けられる。第1展示室では、千葉県内から出土したさまざまなはにわを比べてみることで、その種類や特徴を知ることができる。ここでは、はにわが古墳に葬られた豪族の霊を守るために立てられ、やがて人物はにわを交えて儀式の様子を表現するようになったこと、同じ千葉県内でも山武地域と利根川流域とでは、出土するはにわのタイプが違うことが比較できるように展示している。第2展示室では、古墳時代の衣食住の様子を紹介し、芝山町で毎年11月に開催される「はにわ祭り」の古代衣装や復元した竪穴住居、製鉄や玉づくりの様子を紹介し、古墳時代の生活を実感できるように展示している。第3展示室は、遺跡の発掘調査や整理作業、報

告書作成の方法を写真や実際に使用する道具とともに紹介している。床面には、芝山町の古墳分布図をフロアマットとして貼り付け、鳥瞰図として見ることができる。また、ロビーには展示しているはにわのぬいぐるみや前方後円墳型のテーブル、古代衣装の試着コーナーを設け、子どもに楽しんでもらえるような場所として活用している。

(2) 学校利用の状況

　2009年度の本館の総入館者数は11,533名であった。そのうち学校団体としての入館者数は16校858名で、その内訳は小学校15校、特別支援学校1校であった。また、2010年度は17校716名、その内訳は小学校16校、中学校1校（自治体別では芝山町2校、山武市6校、横芝光町3校、東金市2校、匝瑳市3校、旭市1校）であった。

　このように本館における学校利用は、ほとんどが小学校6年次の校外学習によるもので、中学校1校は2010年度の1校のみであった。小学校の利用事例は校外学習であるので、本館の近くにある芝山古墳群（殿塚・姫塚）の見学を併せて行う学校も多く、さらに佐倉市にある国立歴史民俗博物館へ移動するというコースを実施している学校もある。本館での見学時間としては、おおむね1時間から1時間半程度が多く、学習プログラムについては後述するが、学芸員による説明と自由見学を組み合わせることが多い。2時間以上滞在する学校では、はにわづくりや勾玉づくりの体験学習を行うこともある。利用する学校はおおむね同じであり、各学校の年間行事として定着して位置付けられているものと思われる。なお交通手段については、本館が公共交通機関とのアクセスが悪いこともあり、各自治体所有のバスを使用しての来館となっている。

　一方、中学校での利用事例は、「身近な地域の歴史を知ろう」というテーマでのグループ学習においての利用であった（1年生5名）。この時には午前中に博物館の役割や学芸員の仕事内容を説明したあと、展示を見学してもらい質問を受けた上で、展示内容について説明を加えた。午後には収蔵庫を見学させて遺跡の発掘調査で出土した土器の多さを実感してもらい、最後に勾玉づくりを行った。また、博物館利用とは少し異なるが、中学校の職場体験

学習として 2010 年度は 2 校より 2 年生計 3 名を受け入れた。期間は 2 日間で、博物館の役割や学芸員の仕事を説明した上で、その実務の一部を体験してもらえるようプログラムを作り対応した。本館は考古専門館ではあるが、同時に町史編さん業務を行っており、古文書や石造物の実務についても加えた。中学生はもとより一般の方々でも、博物館が身近な存在とはいえず、学芸員という職種自体もあまり知られていない面があると思われるので、博物館側としても職場体験はそれを改める良い機会になるものであろう。

また 2010 年度は、本館で山武教育研究会社会科部会の研修会が開催され、地域の小中学校の教員 40 名の参加があった。さらに、採用 10 年次研修で芝山町の中学校の社会科教師 1 名が 2 日間本館で研修を行った。研修後、「地域に埋没している文化財に光をあて、子どもたちの興味を喚起し、そういったものを大切にしていこうという気持ちを強くさせていくことができるように、取り組んでいきたい」「生徒が実物を見る、さわることができる教材があることも知り、授業に生かせたらと思いました」という感想があった。こうした地域の教師の方々との交流は、今後の博物館利用の促進や学習プログラムの充実のためにも不可欠である。

2　博物館での学習プログラムの実際

(1) 学習プログラムの展開

本館に小学校の校外学習で来館した場合、基本的な流れと時間配分としては、実物資料による解説 30 分→実物資料に触れる時間 10 分→展示見学 30 分、で行っている。具体的な学習の展開については表 1 を参照していただきたい。

学習内容としては、5〜6 月の時期で歴史を習いはじめたばかりの小学校 6 年生であることから、縄文・弥生・古墳の 3 つの時代について、その時代の特色を良く示す実物資料とレプリカを用いて解説をしている。解説中も、児童に土器やはにわの破片を 1 点ずつ手元に配ったり、解説後に可能なものは触れる時間を作り、実物資料に触れることができるという博物館ならではの学習ができるように配慮している。

表1

学習内容	学習活動 (発問と児童の反応)	実物資料
○縄文時代 ・「縄文」の意味を知る	○縄文土器の「縄文」って何だろう。 ・縄や紐でつけた文様	
・縄文土器の実物に触れる (あらかじめ縄文土器とはにわの破片を一つずつ配っておく)	○手元に二つの破片がありますが、どちらが縄文土器でしょうか。 ・土器の表面に紐を転がしてできた模様のある方を選んでもらう ・縄文の原体見本(繊維を撚ったもの)をみせる。 ・大型の縄文土器の深鉢をみせる	縄文土器の破片 縄文の原体 縄文土器深鉢
・縄文時代の食生活(狩りと採集の時代)	○縄文時代の人々はどんなものを食べていましたか。 ・イノシシ、鹿、木の実、貝、魚 ・貝塚より出土した鹿の角をみせる	貝塚より出土した鹿の角
○弥生時代	○弥生時代に新しく大陸から伝わってきたのは何ですか。 ・米作り、鉄や銅	
・ムラからクニへ	○弥生時代に争っていた国々をまとめた女王を知っていますか。そのクニの名前は。 ・卑弥呼、邪馬台国 ○志賀島で発見された金印の説明	金印(レプリカ)→金印スタンプを後でノートに押す
○古墳時代 ・古墳とはにわ	○古墳、はにわとは何ですか。 ・古墳→豪族のお墓	

・はにわの種類	・はにわ→古墳のまわりに並べられたもの ○はにわにはどんな種類があるか。 ・円筒はにわ→最初につくられたのが円筒はにわで、聖域を区画するものであることを説明。 ・動物はにわ、人物はにわ	円筒はにわ（レプリカ）→3人くらいの児童に代表して持ってもらう
・はにわと縄文土器を比べる	○はにわと縄文土器は、両方とも粘土で作り焼いたものであるが、どうして色や固さが違うのか。 ・焼く温度が違う→手元にある破片をよく観察して考えてもらう	円筒はにわの破片
・古墳から出土するもの	○古墳から出土するものを紹介 ・銅鏡→模様の方が裏面であることをレプリカで示す。 ・勾玉 ・鉄剣	銅鏡（レプリカ） 勾玉 鉄剣

　学習のねらいとしては、第一に実物資料をとおして時代の大まかな特色と違いをつかんでもらうことである。来館する時期は、おおよそ古墳時代までの学習をしているか終えているころであるので、復習としては格好の教材となる。第二に実物資料の大きさや重さを体感してもらうことである。土器やはにわの破片やレプリカは、手にとって観察することができるので、そこから疑問や関心を引き出していきたい。第三に博物館には展示品の他にもたくさんの実物資料「モノ」を保管していることを知ってもらうことである。博物館は展示だけでなく、資料の保管を行うという役割があることをさまざまな実物資料をとおして感じ取ってもらいたいので、古墳時代に限らず他の時代の資料も用意している。

　留意点としては、一つひとつの事項にあまり深入りして説明しないように

している。これは時間があまりとれないこともあるが、初めて歴史を学ぶ小学生であるので、まずは実物資料の名前と時代をしっかりと印象付けて覚えてもらいたいからである。それから縄文時代や金印については、教科書に載っていなかったり、既習でない場合もあるので確認しながら進めている。縄文時代については、2009（平成 20）年告示の新学習指導要領では内容として復活する。

　次に、学芸員の話の後は、説明で用いた資料に可能なものは触れたり持ったりする時間を取っている。児童たちは、縄文土器やはにわに触れることでその重さやレプリカではあるが銅鏡の模様や復元して光る鏡面、触れることはできないが間近にみる鉄剣の迫力に驚き興味を感じている様子がうかがえる。実物ではないが、「漢委奴国王」の金印スタンプは人気が高く、皆ノートに押している。

　また、展示の見学については、見学にあたり独自のワークシートを用意している学校が多いので、展示室内での解説は行っていない。ただし、マンガの解説文よりも、第 2 展示室に設置したキャラクターによる人形劇のビデオの方に人気があり、実物より映像に流れる傾向がある。

(2) 児童・教師の感想

　一部の小学校であるが、博物館での学習についてアンケートを行ったので、感想を抜粋して紹介する。

〔児童の感想〕
- 本物の鉄剣を見たり、土器をさわったりするのは初めてだったので、おもしろく歴史を感じました。
- 土器をさわったらざらざらしていた。鉄剣はさびていた。
- 昔の人がよくこんなものをつくれたなと思いました。
- こんなものを昔の人は使っていたんだなと思いました。
- これが縄文時代の土器で鉄剣は少しおれていたけど、これを昔の人がさわっていると考えるとすごく貴重だなと思いました。
- はにわの種類が思ったよりもあってびっくりした。

〔教師の感想〕

・実物を見ながらの説明をいただき、子ども達も興味深く学習をすることができました。
・時代の流れについて詳しく教えていただき、歴史について楽しいと答える子が多かったです。
・生徒が実物を見る、さわることができる教材があることも知り、授業に生かせたらと思いました。

3 より良い博物館学習を求めて──成果と課題

(1) 博物館学習の形態

　博物館利用の形態について、松岡尚敏は「①教師が学校において、博物館から借りてきた資料を使って授業をする形態、②学芸員が学校に出向き、持参した博物館の資料を使って授業をする形態、③教師が児童生徒を引率して博物館に行き、資料を前にして授業を行う形態、④学芸員が博物館で、引率されてきた児童生徒に対して授業を行う形態」[3]があると分類している。本館における学校による博物館利用は、この分類によれば④にあたる。本館は交通の便が悪く、学校利用を考えると立地条件としては恵まれていない。そうした中で、バスで30～40分はかかる学校からも校外学習として継続して利用があり、公立博物館が少ない千葉県北東部地域の中では、学校利用に供する博物館として一定程度の役割を果たしている。

　課題としては、小学校の利用学校数を増やしていくことと、中学校での利用の可能性を探ることにある。そのためには、博物館の学習プログラムを各学校へ周知することや上記②の利用形態の実施などに取り組んでいく必要があろう。また、実践をより深めたものにしていくためには、教師と学芸員の連携や交流も大切である。その際には、お互いの専門領域を生かすこと、学習内容・方法について共通理解をもつことに留意していきたい。

(2) 実物資料による学習プログラム

　見学に来た児童に、本館に限らず博物館に行ったことがあるか質問すると初めてという答えがほとんどである。そこで、本館での学習プログラムは、

児童にとって日常的ではない博物館についてその存在と役割を知らせるとともに、普段学校では見ることのできない実物資料を活かした学習をとおして歴史に興味をもってもらうことに主眼をおいている。短い時間にも関わらず紹介する実物資料を多くしているのは、展示品だけでなく多種多様な資料（文化財）を保管していることを感じ取ってほしいからである。児童の感想からは、土器や鉄剣などに興味を感じ、その貴重さや当時の人について思いを馳せている様子、はにわの種類の多さに驚いている様子がうかがえる。一方、説明で用いた実物資料の中では、縄文土器、金印、鉄剣に興味をもつ児童が多く、円筒はにわは印象にあまり残らないようであった。見た目では興味を喚起しない資料について、児童にいかにして注目させていくか工夫が必要である。

　また、本館には、これまで開発に伴う遺跡の発掘調査により土器などの遺物が大量に保管されているが、それらが十分に活用されてきたとは言い難い。近年は開発の減少により、埋蔵文化財行政が調査から活用にシフトしているので、学校向けに使える実物資料を整理し、さらに貸し出しも考慮して教材化に努めていきたい。

(3) 展示見学と調べ学習

　小学校の学習指導要領では、指導計画の作成の中で、博物館を活用して観察や調査を取り入れることを位置付けている。また中学校社会科、高等学校地理歴史科・公民科の教材研究上の留意点について蔭山雅博は、「学習者が自ら観察、調査する活動、それをレポートなどにまとめて表現する活動」や「身近な地域の学習、地域学習の機会を取り入れ、学習者の授業への積極的参加を促すべきである」[4]と述べている。一方、博物館の教育的機能の特性として倉田公裕は、「展示されたモノを見ることによって、そのモノを自分の目で観察し、知識を確認するとともにそのモノを通じてその背後にあるコトを学ぶこと」[5]を挙げている。このように、社会科の求める学習方法は、博物館の学習方法の特色とは重なり合うものである。そこで、本館では見学者（学習者）の主体性を生かす時間をもたせたいことと、あらかじめ展示に合わせたワークシートを作成している学校も多いこともあり、展示を一つひ

とつ解説はせず、ポイントを事前に話した上で自由に見学してもらい、質問があれば受けている。児童はワークシートによって、資料（はにわ）をスケッチしたり、解説を読んで回答したりと主体的に調べ学習に取り組んでいる様子がうかがえる。

　ただし、課題としては全体的にはキャラクターによるマンガの解説文をじっくり読んだり、展示品をじっくりと観察する児童は少ないように見受けられる。前述した山武教育研究会社会科部会の研修会に参加した教員の感想からも、マンガの解説も「大人が見ても十分に楽しめた。（逆に子どもには少し難しいかも）」「量が多くあきてしまうような気がしました」という意見があり、実物資料による解説の時間で資料（モノ）の見方や視点を示すことや、展示における児童生徒へのさらなる工夫が必要であると感じている。

おわりに

　このように、本館では小学校の校外学習での利用に限られていて、学社連携・融合の観点からは決して優れているとは言い難い状況である。そうした前提ではあるが、本館での事例を「はじめに」で示した博物館活用の意義と照らして考えてみたい。
　①地域を視点とした学習（地域史）は、小学校の校外学習と利用が限られている中で十分とはいえず、わずかに芝山古墳群の見学や地域の資料を用いることで、身近なところに文化財があることに気づかせている程度である。②児童生徒の主体的な学習は、展示を見ることの難しさはあるが、ワークシートなどを用いて補っている。③「もの」から歴史を考える場については、実物資料にふれることによって「もの」の名前と時代、意味などを知ることに重点をおいている。したがって、本館での事例は、総じて博物館学習の意義においては、その入り口部分を担い、動機付けを行うことで一定程度の役割を果たしている状況といえる。筆者は、博物館学習を広めるためには、「モノを通して地域の歴史を学ぶ方法を訓練する場」「生涯学習における歴史学習の導入的役割を果たす場」とする意義を明確にして実践を行うことが必要と考えており[6]、本館の事例は後者にあたる。

学芸員による実物資料の解説（はにわ） 　　学芸員による実物資料の解説（鉄剣）

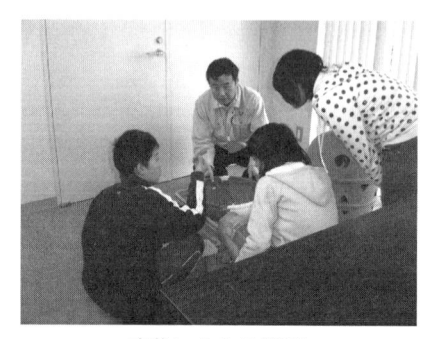

実物にふれる時間 　　展示見学の様子

　歴史は、資料（モノ）によって語られ、新たな資料によって書き換えられ、資料の解釈によって歴史像も変わってくる。博物館における学習では、そうした歴史研究での資料の重要性を体感するとともに、資料を保存・調査研究・公開（教育普及）していく博物館の社会的役割とその仕事を担う学芸員という職業を認識してもらう貴重な機会としたい。そのことを目指して、実物資料を活かした博物館教育実践に取り組んでいくことにしたい。

注

1）奥住淳「歴史教育における博物館活用について」『歴史科学と教育』第13号、1994年
2）福間元「芝山町立芝山古墳・はにわ博物館の展示について」『立正博物館年報』第

10 号、2008 年
3） 松岡尚敏「博物館利用」日本社会科教育学会編『社会科教育事典』ぎょうせい、2000 年、237 頁
4） 蔭山雅博・佐藤尚子『21 世紀の社会認識教育に向けて』春風社、2007 年、159 頁
5） 倉田公裕・矢嶋國雄『新編　博物館学』東京堂出版、1997 年、240 頁
6） 奥住淳「博物館・郷土資料館を活用した歴史地理学習の探究」蔭山雅博編『社会認識の授業研究——これからの社会科・地歴科・公民科を考える』雄山社、2009 年、87 頁

7

氏(姓)を考える
歴史と今とこれから

坂詰智美

■ はじめに

　社会科の授業の中で、氏（姓）について触れる機会は多い。
　歴史的分野では、古代社会の氏姓制度や源氏平氏、武家の発展、近代の戸籍制度の問題などで主に扱う。公民的分野では、憲法（人権）または民法の部分で扱う。しかしながら、氏（姓）そのものについて考えさせる機会はあまりない。
　現実問題として、近年は両親の離婚・再婚などの事情で、在学中に氏が変わる事例も多い。そして将来的には自らの「婚姻」によって、氏について考えを迫られることもある。仕事を続ける女性が増えるなか、氏の問題は未だ大きいものがあるのは事実であり、政府の民法改正作業が滞る中で、当惑している人々も多い。
　歴史的分野（日本史）の場合は、古代の氏姓制度、各時代の「家」のあり方を捉える社会史的分野で扱うのが望ましいであろう。公民的分野（政経）の場合は、憲法（第24条・両性の平等）の人権学習の中で、男性と女性のあり方を「婚姻」を通して見させるのが望ましいかもしれない。
　実のところ、氏（姓）についての学習は、家庭科の「家族（人の一生と法律、夫と妻に関する法律、家族の法に横たわる課題）」部分でも扱っており、教科を越えて、または総合的な学習として扱ってみるのも良い分野である。人が生き

ていく上で考えなければならない側面を、歴史と今とこれから（未来）について考察する授業として構成できれば良いのではないかと思う。

1　氏(姓)とは何か

　私たちは氏・姓・名字（苗字）を混同し、さしたる区別もなく使用している。現行法では姓・苗字はすべて「氏」で呼称しているのがその原因とも考えられるが、かつては時代によっての差異はあるものの、氏・姓・名字（苗字）はすべて別々の意味を持つものと認識されていた。ここではまず、この三者の違いを明らかにしておきたい。

　「氏（うじ）」と「姓（かばね）」は、古代大和政権下で行われていた「氏姓制度」で使われたものである。氏姓制度は「氏（うじ）」を基礎として「姓（かばね）」によって氏を序列化した政治制度である。「氏」は大和政権に対し、祭祀・居住地・感触などを通じて結合した政治的集団であり、父系の血族集団で結ばれた同族集団でもある。地名を氏の名とする臣や、負名氏（なおうじ、氏の名に示されている特定の職掌により、王権に仕える氏）の連などに分かれる。この後の律令制下では、氏名（うじな）は良民の身分を表し、氏と姓名を合わせて姓（せい）と称するように大きく変化していく。

　一方の「姓（かばね）」は、個々の氏に対し、その地位や政治的序列を示す呼称である。「姓」はそもそも氏の成立以前から使われてきた尊称であり、氏の成立後、それらを秩序付けるために「姓」として作りかえられたと言われる。姓は氏の出自や職掌によって定まっていた。臣（葛城、平群、蘇我など）・連（大伴、物部、中臣、忌部など）がその代表である。684年に「八色の姓」が制定され、官僚制秩序の基礎となる氏族の再編成がなされ、以後の律令制下においては律令制の法的秩序を支える基盤として、政権との政治的身分関係を表すものとして機能していくことになった。

　氏や姓の変更は、大和政権ひいては天皇固有の権限であった。

　奈良時代に入り、律令体制に基づいた官位制度が整えられると、かつての「姓（かばね）」は廃れ、代わりに士族集団の名としての「氏の名」のことを「姓（せい）」と音読する風習が一般化した。「姓」は天皇が上から与える公的

な名であり、源氏・平氏・藤原氏・橘氏などがこれにあたる。平安時代になると、地方へ下向した中・下層貴族が地方に土着するようになって、武士と交わり、武士の世界にも「姓（せい）」が広がることになった。

「名字（苗字）」は「家の名」を意味するもので、社会において「家」そのものが確立してこない限り成立しえない。家業や財産が代々継承されるのが「家」である。「名字」が成立したからといって、「姓」の使用がされなくなった訳ではなく、公的な形は「姓」が使用され続けた。

2　前近代の氏

(1) 古代の氏

律令制度が浸透する中で、「姓（かばね）」は廃れ「氏の名」としての「姓（せい）」を名乗ることが主流となった。日本史の教科書に出てくる人々は、この「姓（せい）」で表記されているのである。その大概は男性である。

では、この時代の女性は「姓」を名乗ることはできたのであろうか。この当時、女性の正式な名は文書に記されるだけであった。貴族階層の女性のうち、位階が授与されている場合は「位記」に「嘉字（良い字の意味）プラス子」型の名がつけられており、姓は実家の父のものを使用した。『枕草子』を書いた清少納言が仕えた藤原定子や、『源氏物語』を書いた紫式部が仕えた藤原彰子などがその例である。なお、清少納言や紫式部については、正式な名とは言えない。紫式部は中宮・彰子付の女房としての呼称とされ、本来であれば父・藤原為時が式部大丞（官名）であったから、藤式部となるはずである。

当時の婚姻は妻問婚（通い婚）であり、新婚当初は妻方に夫が通う形態である。子どもも妻方で養育されるが、姓については男女とも父の姓を名乗る。婚姻しても夫は夫、妻は妻のそれぞれの父の姓を名乗るから、夫婦は別姓であったといえる。

(2) 中世の氏──有名人女性を例に

中世の有名人女性といえば、鎌倉初期の北条政子や室町中期の日野富子を

知らない人は少ないだろう。

　北条政子は、征夷大将軍に任命され鎌倉幕府を開いた源頼朝の妻であるが、『吾妻鏡』では「従二位平政子」と記される。北条氏は元々、平氏の出であり、政子の名は従三位の位を朝廷から授与される際に、父・北条時政の一字をとってつけられたものであったからだ。

　同様のことは、室町時代第八代将軍・足利義政の妻となった日野富子にもいえる。日野家は藤原氏北家（内麻呂）の嫡流で、平安後期には摂関家の家政を、院政期には院中の庶務に携わる藤原一門の名家で、室町時代には第三代将軍義満の室（康子）や第六代将軍義教の室（重子）など将軍の妻を輩出し、権勢を誇った代表的公家である。日野富子も足利義政の正室であるが、足利の姓とはならず、日野姓である。

　中世期の女性は、「氏の名」である「姓（せい）」を名乗る場合は、実家の父の姓を名乗り、婚姻しても変わることはなかったので、また夫婦別姓であったといえるだろう。

(3) 近世の氏

　戦国期を経て、織豊政権から江戸時代になると、刀狩令や兵農分離などの政策によって、「苗字帯刀」は原則として武士身分の固有の特権とされていく。ただし、江戸幕府・藩は、たとえ武士の身分でなくとも、士身分に準じる権威のある者（例えば、中世期に地域侍であって近世では農民になったが、在村においては名望家として地域の統治に尽力する者。国政に対して功績のある者など）については、苗字帯刀を特別に許すことがあった。近世中期になり、農村においても「家」が確立するにつれ、小農であっても家業としての農耕、家産としての土地とともに「家名」を欲しがる傾向が現れたが、苗字を名乗ることは禁じられていたので、「通称」の名を相続することでその役割を満たすこととなった。これが「通名相続」であり、当主が代々同じ名を名乗っていた所以である。

　婚姻によって「姓」の変化が見られるかどうかについては、庶民においては元々「姓」の名乗りがないことから、論じる必要性は感じられない。武士身分においては、「家」観念の発達によって、嫁とりの意識は高まったが、

実家の父の姓を残している例も多い。大名家の家系図には女性もその名を見ることができるが、必ずといってよいほど「何之誰氏之娘」との注が入っていることから、その出自を明らかにすることが大切であったと考えられる。

3　近代社会の氏

(1) 四民平等と氏

　江戸時代、庶民は人別帳・宗門改帳に記載されており、これが事実上の戸籍であった。

　維新後まもない1868（明治元）年10～11月、京都府ではかつての長州藩戸籍法が系譜とされる市中戸籍仕法・郡中戸籍仕法・士籍法・卒籍法および社寺籍法を制定している。士族・卒族・市民および社寺という身分によって分けられた戸籍は、江戸時代以来の元武士階級と町・郡・寺社の各奉行所による支配という形を踏襲している。

　1869（明治2）年6月、政府は京都府の戸籍法を、当時明治政府の直轄領であった府県全体に施すことを命じたが、独自の戸籍法を施行する府県も存在していた[1]。

　このような状況の中で、1870（明治3）年9月、「平民苗字許容令」が出され、平民の名字公称が許された。同年11月には、通称に国名や官名（兵衛、左右衛門、助など）を使用することを禁じている[2]。

　各地方において個々に作られた戸籍法を、全国統一の戸籍法としてまとめたものが、1871（明治4）年4月4日試行の「戸籍法」である。同年7月の廃藩置県によって府県が戸籍を作成することになり、翌1872（明治5、壬申）年に作ることが命じられたので、できた戸籍のことを「壬申戸籍」と称する。1868年に制定した戸籍法が族属を分けていたのに対し、四民平等の建前から臣民一般を収録しているのが特徴である。戸籍には戸籍書式に基づいて、戸主を中心として一定の規格をもって編成され、「何之誰」と名字プラス名を登録記載することとなった。1872年5月には「複名禁止令」が出され、従来名乗ってきた通称・実名がある場合には一つだけを使用することになった。これについては、通称と実名の双方を持ちえたのは武士階級であり、平

民には影響はあまりなかったとされる。また、同年8月には「改姓名禁止令」が出され、苗字・名・屋号を改めることが禁止された。

　平民は苗字が許されたものの、また不整備であったので、1876年2月には「平民苗字必称義務令」が出されている。ここでは「(前略)自今必苗字相唱可申、尤祖先以来苗字不分明ノ向ハ新タニ苗字ヲ設ケ候様可致(後略)」とあり、祖先が使用していた苗字がわからない場合には、新たに苗字を設けても良いことになっていた。長きにわたって苗字を必要としなかった(または名乗る必要性のなかった)平民たちが突然に創氏できるはずもなく、さまざまなエピソードを生むこととなった。

(2) 明治民法における女性の地位

　1890(明治23)年、旧民法(ボアソナード民法)が制定されたが、いわゆる「民法典論争」によって施行は延期される。最終的には1898(明治31)年にドイツ系の新民法(明治民法)が施行された。明治民法の特色はいろいろあるが、なかでも家族法問題が顕著である。明治民法では「家」制度が家族法の中心的位置を占め、戸主→家族、親→子、夫→妻はそれぞれ「統制する→統制される」関係にあった。前近代までに形成された封建的家族関係を法制化・条文化したともいえ、家父長制的家制度の存続をもたらした。

　明治民法では、女性の地位はどのようなものであったのであろうか。

　氏については、第746条に「戸主及ヒ家族ハソノ家ノ氏ヲ称ス」と規定されている。「氏」は「家の称号」となることを明確にしたものである。そして第788条には「妻ハ婚姻ニ因リテ夫ノ家ニ入ル」とも定められており、婚姻により夫の家に入ることの結果として「同氏(姓)」が強制される。

　妻については、第14条に「妻カ左ニ掲ケタル行為ヲ為スニハ夫ノ許可ヲ受クルコトヲ要ス(後略)」とあり、妻の法律的無能力を規定するものである。「左ニ」の部分には、借財または保証、不動産や重要な動産の権利関係行為、訴訟行為、贈与などの行為があげられていて、これらの行為については夫の許可が必要であり、単独で行為をなすことは不可能であった。

　夫婦間の問題については、第813条に「離婚の訴えの提起」についてが規定されている。このうち、第2号に「妻カ姦通ヲ為シタルトキ」、第3号

に「夫カ姦淫罪ニ因リテ刑ニ処セラレタルトキ」がある。妻が夫以外の男子と関係を結ぶと、夫は離婚の訴えを提起できるが、妻の側は夫が強姦罪や姦淫勧誘罪などで有罪にならない限り、離婚の訴えは提起できないのである。民法上は一夫一婦制をとっていたが、実際には妾の存在によって一夫多妻的な側面を持つ社会であって、男女の差は大きかったのである。

財産の相続に関しては、第970条の「家督相続人」の規定が設けられているが、その第2号に「親等ノ同シキ者ノ間ニ在リテハ男ヲ先ニス」とあり、男性優位社会が法律上規定されている。

以上、氏の規定、妻の法律的無能力、離婚請求権、家督相続などあらゆる面で女性は制限されていた。民法以外においても制限されていたことは多い。例えば、大日本帝国憲法は第35条に「衆議院」についての規定をおくが、これに伴う「衆議院議員選挙法」では女性には参政権がない。また、1900（明治33）年にでた「治安警察法」第5条第1項には「政事上ノ結社ニ加入スルコトヲ得」ざる者として「女子」をあげている。この条項は、女性団体の反対運動によって削除されるまで存続した。

近代社会とはいいながらも、前近代の封建的家族関係が法律によって認められる形が続いており、女性の社会的地位はかなり低いものであった、といわざるをえない。

4　現代の氏

(1) 現行民法と戸籍法にみる氏

太平洋戦争後、日本国憲法の公布・試行を経る中で、人権への配慮から旧来の家族制度の改革がなされる。その中で、民法の親族法・相続法の全面的改正、「家」制度は廃止となった。これに対応して戸籍法も改正がなされた（現行の戸籍法）。

憲法では第24条に個人の尊重と両性の本質的平等を設け、第1項で「婚姻は、両性の合意のみに基いて成立し、夫婦が同等の権利を有することを基本として、相互の協力により、維持されねばならない」とする。戦前の双方の戸主の合意を不可欠条件とする「家」同士の結びつきはなくなり、一方的

に強い夫の権力もなくなったのである。

　民法では、第750条に夫婦の氏について規定を設け、「夫婦は、婚姻の際に定めるところに従い、夫又は妻の氏を称する」とし、夫側の氏以外の選択が可能となった。これは戸籍の編成に影響を与え、現行の戸籍法第6条「戸籍の編製」に「戸籍は、市町村の区域内に本籍を定める一の夫婦及びこれと氏を同じくする子ごとに、これを編製する」とある。これは「同一戸籍同一氏の原則」である。相続については、民法第900条により男女の差は設けられていない。

　戦後の憲法・民法改正、それに伴う戸籍法の改正で、女性の地位は前時代にくらべ上がったことは確かであるが、本当に男女は平等になったといえるのであろうか。

　前述した民法第750条は、婚姻の際には、夫・妻どちらかの「氏」を選ばなくてはならないことを規定する。「家」制度は廃止されたにもかかわらず、夫婦には「同じ氏」を名乗ることを強要しているのである。建前として

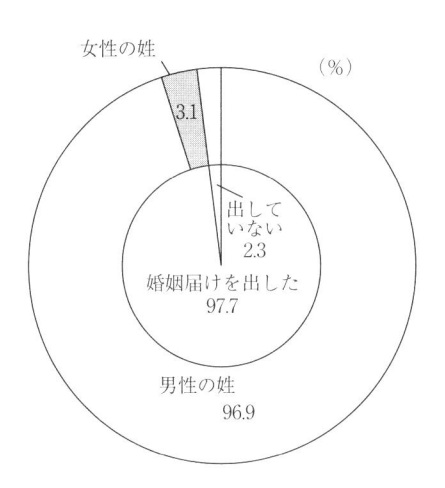

女性の姓 3.1
（％）
出していない 2.3
婚姻届けを出した 97.7
男性の姓 96.9

図1　婚姻届と夫婦の姓

出典：フォーラム女性の生活と展望編『図表で見る女の現在　男女共生への指標』ミネルヴァ書房、1994年
原資料：女性のための編集者学校出版局『まるごと一冊結婚の本』ブロンズ新社、1988年

は夫・妻どちらの「氏」を選ぶかは、その夫婦の自由であるが、現実には夫の「氏」になる方が圧倒的に多い。

　図1（円グラフ）は、「婚姻届と夫婦の姓」についてのデータである[3]。データは1988（昭和63）年のもので少し古いが、婚姻したカップルのうち婚姻届を出した（法律婚）のが約98％、その中で夫婦の姓について、夫の姓を選択したのが約97％、妻の姓の選択はわずか3％である。憲法に規定する両性の本質的平等とは、あまりにもかけはなれている数字ではないだろうか。この理由については、いろいろと考えられるが、長年にわたるマインド・コントロール的な側面が高いのであろう。

(2) 諸外国の夫婦の氏

　日本では、夫・妻どちらかの「氏」を選択することが定められ、別姓を名乗ることはできない。別姓にしたい場合は、婚姻届を提出しない事実婚を選択せざるをえないことになる。

　では、諸外国ではどのような制度をとっているのであろうか。表1は、諸外国での氏（姓）の選択肢についてまとめたものである。

　各国、さまざまな制度を持つことがわかる。日本と似たタイプはインドやタイなどであるが、この国は「夫」の姓のみに統一されるので、日本の戦前とほぼ同じといえる。同じアジアでも隣国の韓国は完全に別姓をとり、思想の異なりを見ることができる。別姓を義務付けているのは韓国の他にはカナダ（ケベック州）があり、デンマークも原則として別姓である。イギリスやアメリカなどでは法規制はない。また、ドイツのように統合姓を認めていたり、スイスやオーストリアでは夫婦は同一姓としつつも、妻側の姓を残す手段として、妻の姓を前置・後置したりする[4]。

　婚姻の形態は国それぞれである。どの国の制度が良いと断言できるものでなく、現に生きている人々にとって良い制度が行われていることが望ましい。

表1 諸外国の夫婦の氏（姓）選択の例

地域	国名	同姓	結合姓	別姓	備考
アジア	インド	○	×	×	夫の姓のみとされるが、地域差あり
	タイ	○	×	△	夫の姓のみだったが、違憲判決が出て実質的には可
	中国	×	×	○	婚姻法で「夫婦はおのおのの自己の姓名を用いる権利を持つ」と規定
	韓国	×	×	○	「姓不変の原則」があり夫婦別姓は慣習上当然であるとする
アメリカ	アメリカ	○	○	○	「婚姻によって一方へと法律的に変更されるものではない」との判例あり。法規制はない。州によっても違う
	カナダ（ケベック州）	×	×	○	1982年に施行された新家族法によって、別姓に一本化。同姓を選択することはできない
	アルゼンチン	○	○	△	妻のみ選択が可能
ヨーロッパ	イギリス	○	○	○	法規制なし。妻が夫の姓を称するのが通例だが夫と異なる姓を名乗る権利あり
	フランス	○	○	○	妻が夫の姓を称するという通念は残るが法律上は自由。子は父の姓か結合姓
	ドイツ	○	○	○	夫婦に共通姓は夫または妻の姓から選択可。夫姓＋妻姓の結合姓を認める
	オランダ	○	○	○	同姓は夫の姓、結合姓は妻のみが名乗れる。子は父の姓
	スイス	○	○	×	夫婦の姓は夫の姓。妻側は自分の姓を夫婦の姓の前に置くことができる
	オーストリア	○	○	×	夫婦は同一姓。妻の姓も可能。夫の姓を共通姓としたときは妻は自分の姓を後置できる
	デンマーク	○	×	○	原則として夫婦別姓。同一姓の選択も可能
	ロシア	○	△	○	いずれか一方の姓でも、各自のそれぞれを名乗ることも自由。結合姓は各共和国に一任

出典：久武綾子『夫婦別姓──その歴史と背景』世界思想社、2003年（167頁）および民法改正を考える会『よくわかる民法改正──選択的夫婦別姓＆婚外子差別撤廃を求めて』朝陽会、2010年（11頁）のリスト・表より作成

5　選択性夫婦別姓制度に関する問題

　日本では現在、民法の規定により夫婦は同氏を名乗ることとなっている。しかし、社会が日々変化していく中、婚姻による改姓について「不便」と感じる人々が増えてきた。これは女性の社会進出の拡大とともに出てきたものである。このような状況の中で出されてきたのが、「選択性夫婦別姓制度」の導入を認めるか否か、という問題である。

　「選択性夫婦別姓制度」とは、婚姻する際に夫婦同姓か夫婦別姓かを、当人たちが自由に選択できる制度である。1996（平成8）年の法制審議会の答申をうけて、法務省が法案化に着手し、自民党時代の2002（平成14）年・2004（平成16）年と二度にわたって法務部会に提出されたが了解されず、未だ法改正には至っていない。婚姻で姓の変更をしなければならないことが非婚につながり、ひいては少子化にも影響するという見方が増える一方で、同

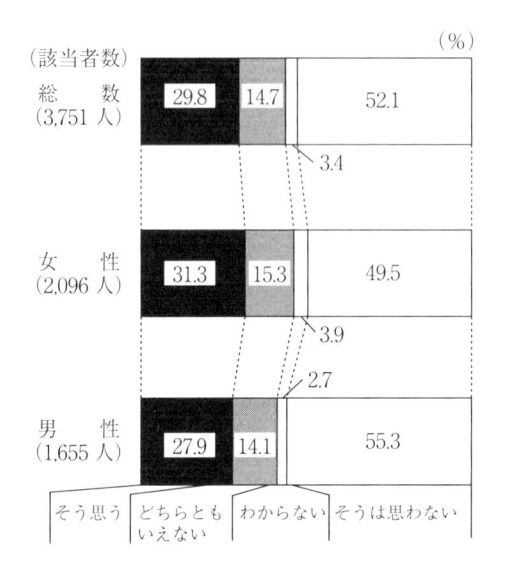

図2-1　夫婦同姓・別姓の選択に対する意識
（夫婦同姓・別姓を選択制にした方がよいと思うか）

出典：総理府「女性に関する世論調査」1990年

7. 氏(姓)を考える

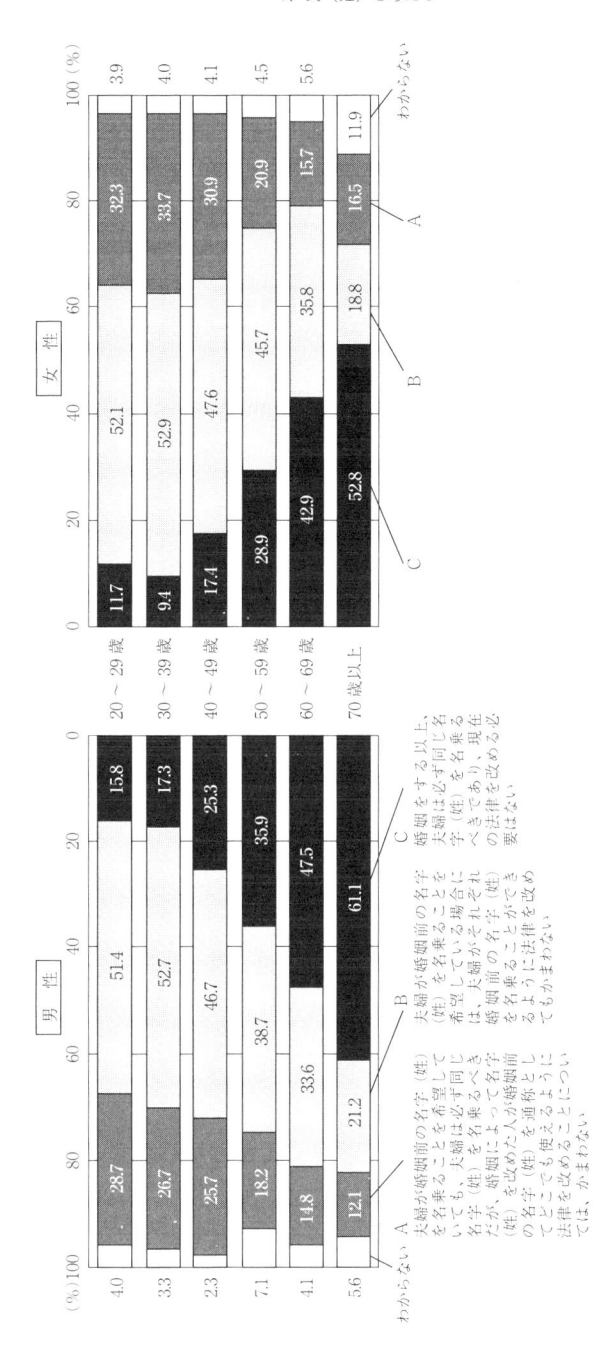

図 2-2 選択的夫婦別姓に関する考え方の変化

出典:内閣府「選択的夫婦別氏制度に関する世論調査」2001 年

A 夫婦が婚姻前の名字(姓)を名乗ることを希望していても、夫婦は必ず同じ名字(姓)を名乗るべきだから、婚姻によって名字(姓)を改めた人が婚姻前の名字(姓)を通称としてどこでも使えるように法律を改めることについては、かまわない

B 夫婦が婚姻前の名字(姓)を名乗ることを希望している場合には、夫婦がそれぞれ婚姻前の名字(姓)を名乗ることができるように法律を改めてもかまわない

C 婚姻をする以上、夫婦は必ず同じ名字(姓)を名乗るべきであり、現在の法律を改める必要はない

わからない

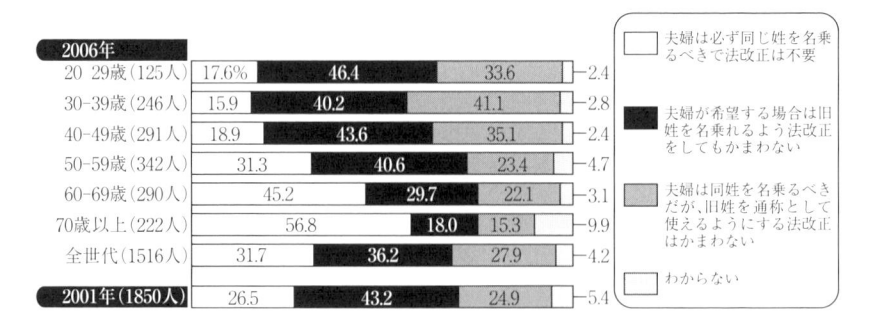

2006年	夫婦は必ず同じ姓を名乗るべきで法改正は不要	夫婦が希望する場合は旧姓を名乗れるよう法改正をしてもかまわない	夫婦は同姓を名乗るべきだが、旧姓を通称として使えるようにする法改正はかまわない	わからない
20-29歳(125人)	17.6%	46.4	33.6	2.4
30-39歳(246人)	15.9	40.2	41.1	2.8
40-49歳(291人)	18.9	43.6	35.1	2.4
50-59歳(342人)	31.3	40.6	23.4	4.7
60-69歳(290人)	45.2	29.7	22.1	3.1
70歳以上(222人)	56.8	18.0	15.3	9.9
全世代(1516人)	31.7	36.2	27.9	4.2
2001年(1850人)	26.5	43.2	24.9	5.4

図 2-3　夫婦別姓に関する女性の意識（内閣府調べ）
出典：内閣府「選択的夫婦別氏制度に関する世論調査」2006 年

一の姓を使用することは日本の伝統であり、別姓では家族の一体感が希薄になると考える向きもあり、意見は並行線である。

では、実際の社会では夫婦同姓・別姓について、どのような考え方があるのだろうか。また、そこに時代による変化は見られるのであろうか。

図 2 は、「選択性夫婦別姓」に関する意識についての調査結果である。図 2-1 は法制審議会の答申以前（1990 年）であり、年代別の細かいデータはとられておらず、単に「選択制にした方が良いか」を調査したにすぎない[5]。図 2-2 は答申後の 2001（平成 13）年に行った調査で、男女を年代別にデータ化している[6]。図 2-3 は、2006 年の内閣府の調査結果データである[7]。この中で問題とされるのが、2006 年の全世代データで、制度導入を認めるのが 36.2％、認めないのが 31.7％となっており、この数字をもって「賛否は並ぶ（拮抗）」と捉えていることである。また、2001 年のデータと比較しても、認めないとするものが 26.5％（2001 年）から 31.7％（2006 年）と増えていることもあって、「改正する状況にはない」という結論を法務省が出していることである。

しかし、このデータの取り方には大きな「落とし穴」がある。図 2-3 を見ると、回答者の年齢層と年齢構成に問題があることがわかるのである。回答者の年齢構成を国の人口構成と比べると、20〜30 代が少なく、50〜60

代は多いのである。未婚でこれから婚姻する人々の意見が少なく、すでに婚姻しており今さら変わっても、という人々の意見が多いというのは正確なデータたりえるのであろうか。他にも、さまざまな問題点を読み取れるので、資料として末尾に新聞の特報記事を提示しておきたい。

法は今に生きる人々にとって有益なものでなくてはならない。本当に暮らしやすい社会になっているのかを、未来にとっても有益たりえるかを常に考えて、今何をなすべきかを考えていける社会にしていく必要がある。

むすびにかえて

氏（姓）の問題は大変難しい。私たちは何げなく日々使っているのであるが、その意味するところや、現実に問題となっていることなどを深く考える機会があまりないため、見過ごしてしまっている部分も多い。

今回は歴史上、氏（うじ）・姓（かばね）・姓（せい）・名字（苗字）がどのような意義を持つのか、どのような変遷をたどったのか、婚姻によって何が代わり（または変わらない）のかをまとめた。また、近代社会になって戸主権の確立に従い、夫婦が同じ氏を用いることになり、それが現代でも行われていることを明らかにした。「日本古来の伝統」と「夫婦・家族の一体感」のために同氏を強制することは、果たして是なのか否なのか。憲法第24条の「両性の本質的平等」が、過去の歴史的経緯に縛られて、不平等な現実が当たり前のこととして闊歩し、捻じ曲げられているようにも感じる。

歴史の現実を見て、現在の問題を把握し、誰もが暮らしやすく生きやすい社会を実現するためにはどうしたらよいか、身近な問題を題材としてアプローチする授業を展開していくことが、今、求められているのではないだろうか。

注

1) 東京府では独自の法が用いられていた。
2) 実際には「兵衛・衛門」などは百姓・町人の名として広く普及しており、これが官名であることを意識することはすでになくなっていた。そのため、各府県での対応も

まちまちだった。
3) 女性のための編集者学校出版局『まるごと一冊結婚の本』ブロンズ新社、1988年
4) 世界史や音楽史で有名な作曲家・モーツアルトなどを例にあげれば、わかりやすいであろう。一般にはヴォルフガング・アマデウス・モーツアルトといわれるが、モーツアルトの前には実に32もの姓が省略されている。
5) 総理府『女性に関する世論調査』1990年
6) 内閣府『選択的夫婦別姓制度に関する世論調査』2001年
7) 資料で示した新聞記事内の図に等しい。

7. 氏（姓）を考える

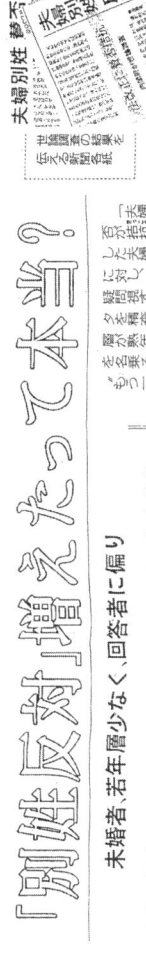

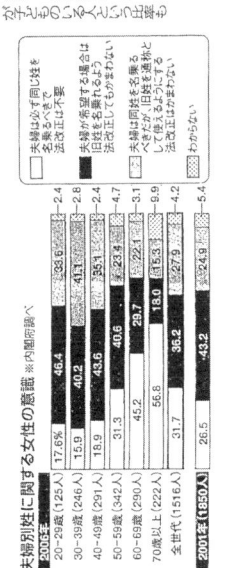

8

社会科教育におけるメディアリテラシー
新聞を題材にして

関口祐美子

▍ はじめに

　IT革命以降、エレクトロニクス技術・通信技術が急速に発達した。パーソナル・コンピューター（以下パソコン）も普及しはじめ、より複雑で高度な作業が気軽にできるようになった。インターネットはもともと、軍事用に米国で開発・研究された技術で、スムーズな情報共有と伝達のために用いられたものであった。この有用性の高い技術が民間に開放されたことをきっかけに、全世界に普及していった。電話機能を持ち運べる携帯電話が、そして電話機能の他にメール機能がつき、インターネット接続も可能になった。これにより、情報の取得・発信・交換は場所を選ばなくなった。このような発達によって20世紀後半から情報伝達は劇的に変化した。

　ITU（国際電気通信連合）による「インターネット普及率」調査では、日本は世界で15位の75.4％（2008年）と、7割も普及している結果が出ている。また、総務省による「携帯電話普及率」調査は2010（平成22）年3月の時点で87.8％（前年比で3.7％上昇）と年々増加している結果を見ても、その勢いがうかがえる。

　2010年12月7日に行われたOECD（経済協力開発機構）のPISA（学習到達度調査）で行われた学習環境調査の「インターネットの利用状況」を見てみ

る。「自宅にパソコンがあり、使っている」高校生は71％で、回答した国の平均を16ポイント下回っていた。「自宅にパソコンがあるが、使っていない」高校生は11％で、参加国で最も高かった。パソコン・携帯電話の使途では、「電子メールを読む」が88％で平均より高い。ネット上の討論やフォーラムに参加する生徒も少なく、また生活情報の検索も少ない。国立教育研究所による「メディアからの経験」の調査（2000年）で、「インターネットが勉強に役立った」と回答するのは、小学生女子：26.5％、小学生男子：28.0％、中学生女子：9.7％、中学生男子：11.6％、高校生女子：5.1％、高校生男子：7.2％、から見ても、遊びや友人とのコミュニケーションに使うことが多いのではないか、と予想できる。

　実際に、「携帯電話を使って何をするか」と高校3年生に聞いてみると、「メールをする」という回答が最も多く、次に「アメーバ」「ミクシィ」「モバゲー」「前略プロフィール」「ツイッター」など自身の情報（性別、所属、今どこにいるか、何を考えているかなど）を他者と交換をすることに使っているという回答が多かった[1]。情報交換をする相手は実際に会ったことがある友人、顔を知っている友人の友人などで現実のコミュニティーから逸脱する人とは情報交換を行わないことが主流であるようだ。その理由としては、インターネットでの出会いは危険であることを、よく知っているからだという。実際にインターネットでの出会いによって、危険な目にあったことはないとのことだったが、親・友人・学校・雑誌などさまざまなところから発信される情報によって、警戒しているということだろう。加えて、インターネットの恐ろしさを教える授業が近年では多くの学校で展開されており、その成果ともいえる。
　しかし、「インターネットは恐ろしい」「危険なものだ」とレッテルを貼り、子どもに触れさせないようにしてしまうと、インターネットに対する負のイメージがつきすぎてしまい、積極的に利用することができなくなってしまうだろう。世界では、インターネットを活用して仕事をする職種が増えている。にもかかわらず、積極的に利用する姿勢が育たなければ、日本は今後の国際社会の進歩から大きく遅れをとってしまうだろう。経済的貧困等によってインターネット普及速度に違いはあるものの、インターネットは着々と全世界

共通のツールへと発展している。だからこそ、恐ろしさを取り上げて、デメリットをことさら押す授業に終始してはならない。むしろ、メディアリテラシーの授業では、どのようにインターネットと付き合っていくべきかを肯定的にとらえ、情報伝達や情報共有を行うこと、必要な情報を読み取る力、それらを活かす応用力を育成していくよう展開されていくべきではないだろうか。では、いったいどのようにして上述したような力を育成していくかについて考えていく。

インターネットを通じた情報伝達、情報交換とは一体どのようなものかを考えてみると、誰かが情報を発信し、誰かが情報を受け取るというかたちで成り立っている。それは、日常的に行っている会話と本質的な違いはない。つまり、両者はコミュニケーションとして同じかたちで成り立っているものだ。

誰かとコミュニケーションをとるためには、相手が発信した情報が事実に基づいた正確なものかどうかを判断するとともに、どのような意図でもって発せられた情報であるかを把握することが重要である。その意味では、面と向かって行われる「face to face」でのコミュニケーションと画面を通して行われる「monitor to monitor」でのコミュニケーションになんら違いはない。違いはただ一つ。ノンバーバルな情報を含められるかどうか、ぐらいだ。ふだん行っている「face to face」のコミュニケーションでは声色、表情、ボディランゲージなどノンバーバルな情報を同時に発信することができる。しかし、「monitor to monitor」ではノンバーバルな情報は発信されない（近年では、WEB カメラを使って Skype で情報共有が可能になっているが）。基本的には、文字情報のみのコミュニケーションとなる「monitor to monitor」のコミュニケーションは、「face to face」のコミュニケーションと比べて、より純度が高いコミュニケーションといえる。情報把握を誤れば、意図とは 180 度異なった解釈がなされてしまう可能性がある。その点が「インターネットは恐ろしい」と挙げられる理由の一つだ。そして、その情報把握のミスで人間関係に重大な亀裂をもたらしてしまう出来事が個人間で頻繁に起こっている。他にも、「face to face」であれば言えない言葉を使ったコミュニケーションも「monitor to monitor」なら傷ついた表情が見えないために行えてしまう。

「face to face」よりも相手を気遣わずに情報発信できるのでハードルが下がっているのだ。「face to face」のコミュニケーションでは情報の受け手である他者の「顔」が見えるため、情報の受け手を「気遣うこと」を意識しやすい。しかし、「monitor to monitor」のコミュニケーションでは見えているのは画面だけであるため、情報の受け手が「いること」そのものが意識しにくい。重要なのは画面の向こう側に相手がいるということを理解するための「想像力」である。想像力の欠如によって、人間関係に重大な亀裂をもたらしてしまう出来事も多発している。このトラブルが事件にまでつながってしまったのが、2004年6月長崎県佐世保市の市立大久保小学校で起こった小6女児殺害事件である。事件以降、学校裏サイトを巡回・監視する業務を請け負う民間企業が出現し、その市場は拡大しつつある。それほど世間に大きな衝撃を与え、子どもをもつ親の不安感をいっそう煽る事件だった。

　インターネットを介したトラブルを減らすために、学校教育ではメディアリテラシーを育成することを目的とした情報教育を2003年以降、小・中・高で完全実施されていた。1990年から実施されてはいたが、電子機器の進歩によって改定された。文部科学省では、メディアリテラシーを「情報活用の実践力」「情報の科学的な理解」「情報社会に参画する態度」の3つの観点に分類して定義している。以下に3観点の8要素を引用する。「情報活用の実践力」の内容は、「課題や目的に応じた情報手段の適切な活用」「必要な情報の主体的な収集・判断・表現・処理・創造」「受け手の状況などを踏まえた発信・伝達能力」と説明している。
　「情報の科学的な理解」は、「情報活用の基礎となる情報手段の特性の理解」「情報を適切に扱ったり、自らの情報活用を評価・改善するための基礎的な理論や方法の理解」とし、「情報社会に参画する態度」については、「社会生活の中で情報や情報技術が果たしている役割や及ぼしている影響の理解」「情報モラルの必要性や情報に対する責任」「望ましい情報社会の創造に参画しようとする態度」としている。
　これらを小・中・高段階で指導を行い、その連続性の確保を重要視している。検討委員会で話し合われた結果、小学校段階では「情報活用の実践力」

表1 情報教育の体系化

3観点	8要素
●情報活用の実践力	・課題や目的に応じた情報手段の適切な活用 ・必要な情報の主体的な収集・判断・表現・処理・創造 ・受け手の状況などを踏まえた発信・伝達能力
●情報の科学的な理解	・情報活用の基礎となる情報手段の特性の理解 ・情報を適切に扱ったり、自らの情報活用を評価・改善するための基礎的な理論や方法の理解
●情報社会に参画する態度	・社会生活の中で情報や情報技術が果たしている役割や及ぼしている影響の理解 ・情報モラルの必要性や情報に対する責任 ・望ましい情報社会の創造に参画しようとする態度

「初等中等教育における情報化に関する検討会報告書」(第9回)より作成

を、中学校段階では「情報の科学的な理解の充実」を、高校段階ではこれまで習得してきたものを「『リテラシー』として熟成させる」ことが目標とされた。表1の内容は2007年8月に出されたものであるため、小学校段階で習得するはずの「情報活用の実践力」について現在の中学3年生以上が学んできている可能性は極めて低いことが予想される。だが、この「情報活用の実践力」こそ重要なものだ。「情報活用の実践力」で挙げられている事柄は、国語や総合で「ネットワークの先には人がいることを理解し、相手の立場に立った適切なコミュニケーションの大切さを知る」ことを習得し、社会や総合で「メディアからの情報には発信者の意図と背景があることを理解し、情報を受ける側が情報の判断をする必要があることを知る」[2]ことを習得するのが望ましいとされている。そして「情報活用の実践力」は、情報機器がいくら発達しようと、人と人が情報交換をし続ける限り活かされるものである。時代に応じた現代の情報社会に適応するために必要な知識・技能・態度を育成することを目的に、文部科学省から「新情報教育に関する手引き」が出され、またその具体的な指導体系も打ち出され、目的を達成するために出されている実践案も、近年多くみられるようになってきている。情報技術は常に進歩し続けていることを考えれば、どれだけ時間が経とうとも試行錯誤

の段階から抜けられない分野である。しかし、人と人が情報伝達をし続ける限り、必要な根幹、心構えは変わることはない。

「monitor to monitor」でのさまざまなトラブルは、そこかしこで起きている。それと同時に、「face to face」もさまざまなトラブルがそこかしこで起こっている。このトラブルは今後もなくなることはないだろう。なぜなら、「face to face」も「monitor to monitor」も同じコミュニケーションだからである。しかし、そのトラブル件数を減らしていくことは可能だろう。そのために、コミュニケーションに必要な「相手が発信した情報の内容と共に、その意図も把握する」力を高めていき、「こうしたらどうなるだろう、どんな反応があるだろう」と情報の受け手側を想像し、その行動や心の変化を自分に置き換えて予測していく力を伸ばしていく過程が重要になる。旧来のように、情報発信側はマスメディアが、情報の受け手は一般大衆が、という構図は崩壊しつつあり、情報を発信する主体は流動的になっている。検討委員会が出した小学校段階で行う情報教育と同じである。だが上述したように、現在の中学3年生以上は、根幹を習得する機会に恵まれていなかった可能性がある。小学校段階で習得することが推奨されている「メディアからの情報には発信者の意図と背景があることを理解し、情報を受ける側が情報の判断をする必要があることを知る」こと、「ネットワークの先には人がいることを理解し、相手の立場に立った適切なコミュニケーションの大切さを知る」こと、の2要素の「情報活用の実践力」を中心に展開し、その実践を提案したい。だが、2つを扱うには紙幅が足りないため、本稿では1つ目に挙げた「メディアからの情報には発信者の意図と背景があることを理解し、情報を受ける側が情報の判断をする必要があることを知る」ことを中学校社会科公民的分野の「わたしたちと経済」という単元を通じて、実践案を提案する。まず、以下からリテラシー能力の育成と学習指導要領の位置付けを明らかにしていく。

1　学習指導要領での位置付け

社会科と情報教育の関連は深く、社会科の目標を達成する手段として成り

立つものである。特に、公民的分野の目標3)である（2）「民主政治の意義、国民の生活の向上と経済活動とのかかわりおよび現代の社会生活などについて、個人と社会とのかかわりを中心に理解を深め、現代社会についての見方や考え方の基礎を養うとともに、社会の諸問題に着目させ、自ら考えようとする態度を育てる」と（4）「現代の社会的事象に対する関心を高め、様々な資料を適切に収集、選択して多面的・多角的に考察し、事実を正確にとらえ、公正に判断するとともに適切に表現する能力と態度を育てる」は情報教育で目指されているものに近い。情報教育に望まれている技能・態度と、社会科に求められている知識・技能・態度をリンクさせ、授業を構築していくことは十分可能であろう。特に社会科において、教科書・地図帳・資料集等以外を授業に使用し現物を教材化することは、現代社会の諸問題をより身近に、自身の問題として把握する手助けにもなり非常に有効である。社会科と情報教育の共通する現代社会に対応していくために求められる力の育成として、「メディアからの情報には発信者の意図と背景があることを理解し、情報を受ける側が情報の判断をする必要があることを知る」こと、「ネットワークの先には人がいることを理解し、相手の立場に立った適切なコミュニケーションの大切さを知る」ことが挙げられる。後者に続くように、前者を柱にして、以下から指導案の内容について考えていく。

　まず「メディアからの情報には発信者の意図と背景があることを理解し、情報を受ける側が情報の判断をする必要があることを知る」ためには、情報の読み取りを正しく行わなければならない。単純に正しく情報を読み取る「だけ」ならば、文章読解能力を身に付ければ良い。しかし、情報には社会的背景を抜きにしたもののみとは限らない。むしろ情報発信者の意図が含まれている場合が多い。この意図を把握した上で、自身の情報として取り込まねば知らないうちに思想統制され、情勢に流されてしまう危険性がある。情勢に流されず、必要な情報を汲み取り、自身の意見を形成する力であるメディアリテラシーは、情報媒体が増えれば増えるほど必要になってくる。だが、これは文章読解能力のようなテクニカルなものではない。パターンがあり、それに従えば導き出されるものではない。何度も行っていくことで、訓練し

ていくことで見えてくる「気づき」によって会得する力である。これについて、林直哉は「道具のように購入したり造ったりして使うものでもなく、覚えておけばいい知識ともちがう……気づきと反復練習でじっくり自分の腕にしみこませる技術に近い」[4]とメディアリテラシーについて語っている。必要なのは、意識して情報媒体から事実と意図を分けて理解する作業を何度も行うことなのである。

これを行うには、精度の高い情報から始めることが必要だ。一次情報を得るための取材、統一性を出すための校閲、正しい文章であるかを確認する校正、編集など何人もの目を通している新聞が適切だと考えられる。精度の高い情報を新聞から得て、そこから事実と意図を抽出する作業をして訓練する。その後、何らかの事件・事象をインターネットを使って情報収集して、事実を抽出する作業を連続して何度も行うことで身に付けていくものだ。では、以下に上述した内容を指導案にしていく。

2　実践案

社会科（公民的分野）学習指導案

教諭：関口祐美子

1. 日時：2011年1月27日（木）第3時間目
2. 学級：日本橋女学館中等学校3年1組（女子14名）
3. 対象：中学3年の公民的分野
4. 教科書：東京書籍「新しい社会　公民」
5. 単元：「わたしたちの生活と経済」
6. 単元目標：身近な消費生活を中心に市場経済の基本的な考え方、生産の仕組みと流れについて理解させ、企業の役割と責任について考えさせる。また、市場経済に関連する新聞記事を読ませ、情報を主体的に読み取る力を育む。
7. 単元構成
   (1) 消費と貯蓄（1時間）

(2) 消費者の権利と保護（1時間）
(3) 流通のしくみ（1時間）
(4) 生産のしくみ（2時間）本時は2時間目
8. 題材：新聞
9. 本時の目標
   (1) 情報を主体的に読みとる態度を養う。
   (2) 身近な現代企業形態の多様なあり方から現実の経済に関心を持たせる。
   (3) 情報を鵜呑みにせず、新聞から自ら必要な情報を探し活用する基礎を養う。
   (4) 伝え方や捉え方によって新聞でも異なる見解になることから、メディアには発信者の意図があることを認識させる。
10. 本時の指導計画
11. 本時の展開

	学習内容	学習活動	指導上の留意点	資料等
導入	前回の復習	・ランダムで選ばれた生徒は前回の授業で行った内容の問題に答える。	・答えに窮するようならば、質問への答えが書かれているノートの範囲を伝える。	・ノート
展開	・ディズニーランドとディズニーシーについて	・ディズニーランドとディズニーシーに何度行ったことがあるか、それぞれ数えてみる。行った回数が多い人（人数が少ない場合は、1回以上行ったことがある人）に、なぜそんなにディズニーランド、ディズニーシーに行ったのか、その理由を聞く。	・ディズニーランドとディズニーシーのイメージを膨らませるために、ディズニーランドのクリスマス企画広告、今後の催し広告や、ディズニー商品を見せる。	・新聞記事①プリント 新聞記事②プリント

		〈予想される答え〉「家族でディズニーが大好きだから」「行事イベントごとに、様々な企画があって楽しいから」「限定のディズニー商品を買いに行きたいから」など。		
	・ディズニー値上げ報道を読む。	・それぞれの記事を読み、「各紙で共通している箇所」をカラーペンで印をする。	・分からなさそうにしている生徒には「値上がりの値段」「値上がり時期」「入場者数」に着目するようヒントを出す。	
	・モバゲー独禁法違反容疑報道を読む。	・それぞれの記事を読み、「各紙で共通している箇所」をカラーペンで印をする。	・作業は先ほどと同じようにさせる。また独占禁止法について簡単に説明する。	
	・記事は、事実と記者の考え、新聞社の考えが含まれていることを知る。	・朝日新聞の記事は「入口は無料」や「課金トラブル」を強調し、公正取引委員会についての記述が少ない。日経新聞は公正取引委員会が立ち入るまでの経営の経緯を中心にまとめられている。この特徴から新聞記事は同じ事件を報道しているが、記者や新聞社の考えが記事に反映されている可能性が高いことを知る。	・見出しを活用しながら両新聞の内容を比較するように説明をする。	
まとめ	ものの見方と考え方について考える。	・新聞は中立に記事を書こうと努めているが、報道には必ず何らかのものの考え方が含まれている可能性があることを知り、新聞以外の情報もそうなのかもしれない、ことを考える。	・情報を鵜呑みにするのではなく、意識して情報を読み取ることが重要であることを伝える。	

12. 本時の評価：
    (1) 情報を主体的に読みとる態度を養えたか。
    (2) 身近な現代企業形態の多様なあり方から現実の経済に関心を持てたか。
    (3) 新聞から自ら必要な情報を探し活用する基礎を養えたか。
    (4) メディアには発信者の意図があることに気付けたか。

むすびにかえて

　本稿は、「メディアからの情報には発信者の意図と背景があることを理解し、情報を受ける側が情報の判断をする必要があることを知る」ことを中学校社会科公民的分野の「わたしたちと経済」という単元を通じて、実践案を提案することを目的にした。近年ではインターネットの情報を利用し、活用することをメディアリテラシーと狭義の意味で使われる場合が多いが、インターネットの情報を利用し活用するには、まず情報を読み取り、必要な情報を抽出する力が必要なのである。本稿では、その足掛かりについて述べてきた。足掛かりは授業で教える内容と時事とを関連付けて、目的に応じた情報媒体を選択すれば、普段の授業で特別に時間を割かずに行うことが可能なのだ。新しい技術が開発され、新しいコミュニケーションツールが出てくるたびに、目新しい言葉が飛び出してくるが、その本質を見なければ目新しい言葉、聞きなれない言葉に踊らされてしまうだろう。

　今後は、今回主題とした「メディアからの情報には発信者の意図と背景があることを理解し、情報を受ける側が情報の判断をする必要があることを知る」ことをふまえて、「ネットワークの先には人がいることを理解し、相手の立場に立った適切なコミュニケーションの大切さを知る」ことをどのように生徒に伝えるか、「情報活用の実践力」を中心に実践案を示せるよう、考えていきたい。

注

1) 日本橋女学館中学校・高等学校にて実施したアンケート調査による。
2) 文部科学省「教育の情報化に関する手引き」(案)、第4章 情報教育、第3節 情報活用能力を身に付けさせるための学習活動、1. 小学校段階
3) 文部科学省：新学習指導要領・生きる力、中学校学習指導要領、第2章 各教科、第2節社会、公民的分野、1 目標
4) 林直哉『高校生のためのメディア・リテラシー』ちくまプリマー新書、2007年、10頁

参考文献

文部科学省『情報教育の実践と学校の情報化──新「情報教育に関する手引き」』2002年 http://www.mext.go.jp/a_menu/shotou/zyouhou/020706.htm
藤川大祐編『メディアリテラシー教育の実践事例集──情報学習の新展開（ネットワーク双書「総合的学習」シリーズ）』学事出版、2001年
国立教育政策研究所編『メディアリテラシーへの招待──生涯教育を生きる力』東洋館出版社、2004年
内田伸子編『リスク社会を生き抜くコミュニケーション力』金子書房、2007年
林直哉『高校生のためのメディア・リテラシー』ちくまプリマー新書、2007年
坂本旬他『メディア・リテラシー教育の挑戦』アドバンテージサーバー、2009年

それぞれの記事を読んで、同じことが書かれているところにカラーペン（黄色）を引こう。

ディズニーランド

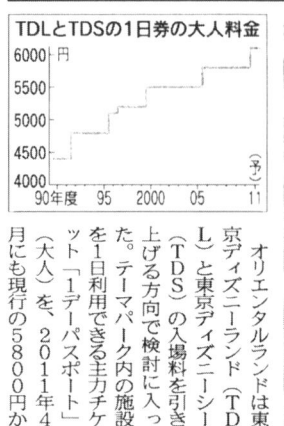

ディズニーランド 値上げへ
1日利用券 300円程度

オリエンタルランド（千葉県浦安市）が、東京ディズニーランドと東京ディズニーシーの1日利用券の値上げを検討している。来年4月以降に、大人料金を5800円から300円程度引き上げる方向だ。デフレ下の値上げ検討は、テーマパーク業界で「一人勝ち」を続ける同社の強気の姿勢を示している。

1日券は入園料と施設利用料がセットになったもので、ディズニーランドとディズニーシーではそれぞれ別に買う必要がある。大人料金だけでなく中学・高校生（＝千円）、幼児・小学生（3900円）も同時に上がるようだ。

これまで7回値上げ。直近では06年9月に300円引き上げており、値上げしても集客は見込めると判断したとみられる。

10年度の上半期の入園者数は過去2番目の高水準。11年度以降も、新アトラクション導入を控えており、オープン時には3900円が別になるが、10年3月期には既にあったが、10年度の上半期の入園者数は過去2番目の高水準。11年度以降も、新アトラクション導入を控えており、値上げしても集客は見込めると判断したとみられる。

2010年12月3日 『朝日新聞』朝刊

ディズニーランド 値上げへ

オリエンタルランドは東京ディズニーランド（TDL）と東京ディズニーシー（TDS）の入場料を引き上げる方向で検討に入った。テーマパーク内の施設を1日利用できる主力チケット「1デーパスポート」（大人）を、2011年4月にも現行の5800円から300円程度値上げする案を軸に調整中。実施されば値上げは06年9月以来4年半ぶりで、新施設への投資を回収する狙い。

1デーはTDL、TDSのどちらかを1日中、自由に使え、最も利用が多い。今回の改定では子供料金（4〜11歳3900円、12

オリエンタルランド、来春にも
1日券を300円程度

〜17歳5000円）も引き上げる方向。一方、2デー（大人料金1万円）、3デー（同1万2900円）、4デー（同1万5000円）は据え置く方針だ。

同社は11年3月期までの5年間でアトラクション増設を中心に計約1400億円を投資。テーマパークの魅力が高まり、消費者から値上げに対する理解は得られるとみている。

2010年12月3日 『日経新聞』夕刊

ディズニーランド 値上げ検討

大人1日券で300円か

東京ディズニーランド（TDL）と東京ディズニーシー（TDS）を運営するオリエンタルランドが、入場料の値上げを検討していることが2日、分かった。来年4月以降に、1日券（1デーパスポート）の大人料金（18歳以上）を現行の5800円から300円程度値上げする方向で、中学・高校生は5000円も値上げになる見込み。

実施すれば値上げは2006年9月以来となる。アトラクションなどの導入にかかった資金を回収する狙いがある。子ども料金（幼児・小学生は3900円、中学・高校生は5000円）も値上げになる見込み。

2010年12月3日 『読売新聞』朝刊

8. 社会科教育におけるメディアリテラシー

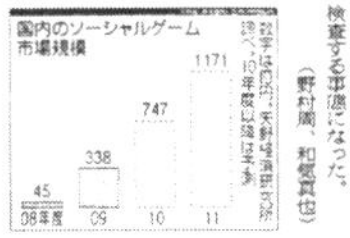

2010年12月9日 『日経新聞』朝刊

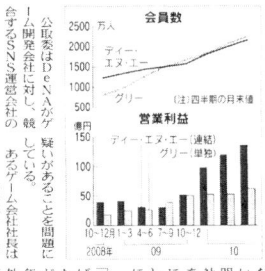

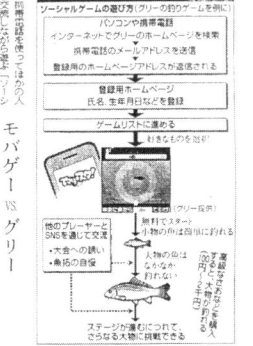

2010年12月9日 『朝日新聞』朝刊

9

法教育による憲法学習の刷新
中学校社会科公民的分野のための新しい憲法学習プログラム

岡部麻衣子

▌ はじめに

　司法制度改革の一環として 2009 (平成 21) 年 5 月にスタートした裁判員制度は、「法や司法制度は、本来、法律の専門家のみならず国民全体で支えられるべきもの」[1]であるという理念のもと、国民の司法参加を強力に促すことで、司法権力に対する国民の監視機能を強化することとなった。こうした動きは、わが国の市民社会が成熟しつつあることを示す兆候であり、それゆえに国民自らが司法に対して能動的に参加するという心構え、法についての基礎的な知識、さらにはそのための技能の習得を要請することとなった。当然のことながら、その帰結として学校教育及び社会教育の場においても法的能力を養うための教育、すなわち法教育の導入が推奨されることとなった。2008 (平成 20) 年告示の新学習指導要領によれば、学校教育では法的知識の習得のみならず、それらを活用して問題を解決する思考力・判断力・表現力を高めるための学習、換言すれば自由で公正な社会の運営に必要な資質や能力を養い、法を主体的に利用することのできる力を育むための思考型・社会参加型学習の導入が求められたのである。
　本研究は、こうした状況をふまえつつ、法教育の理念にもとづくあたらしい憲法学習のあり方を構想する。具体的にいえば、中学校社会科公民的分野における憲法学習を取り上げ、従来の知識習得型学習と法教育による思考型

学習を有機的に組み合わせた学習プログラムを提案し、このプログラムにもとづく授業の実践的有効性を明らかにする[2]。

1 法教育に見る「憲法の意義」学習

　すでに述べたように、学校教育に導入されつつある法教育は、従来の憲法学習が抱える課題の克服をめざした「憲法の意義」を重視する思考型、社会参加型のそれが大半を占めているように思われる。そこで本節では、法教育によって提唱される「憲法の意義」学習の主たる特徴を提示し、さらに「憲法の意義」学習の克服すべき課題を明らかにする。

(1)「憲法の意義」学習の主たる特徴
①思考型学習
　まず指摘されるべきは「思考型」という法教育全般に当てはまる特徴である。法教育は単に法律の条文や制度を覚える知識習得型学習ではなく、法やルールの背景にある価値観やその機能、あるいは意義を考える思考型の教育として提唱されている。こうした特徴は、法教育に関する実践事例の大半に見出されるものである。
　例えば、「求人広告、何か変？——男女平等と法」[3]をテーマとする授業では、求人広告を取り上げ、男女のどちらかが不利に取り扱われ優遇されている部分はないか、もし取り扱い上の格差があるとすれば、その理由はなにか、という問いかけに対して生徒一人ひとりが思考することで授業が展開される構造になっている。さらに、生徒が自ら考えた結論とその理由をおのおの発表し、クラス全体で議論することを通して「個人の尊厳」や「両性の本質的平等」という憲法の基本理念とその意義について理解を深める内容となっている。
②判断力と表現力を高める学習
　第二の特徴は、判断力と表現力を高める学習であること。法教育は法的な思考力を高めるだけではなく、法的な判断力や表現力を高めることも重視しており、実践事例にもそうした部分を意識したものが多く見られる。例えば、

「みんなのことは誰が決める？──民主主義と法・多数決」4) をテーマとする授業を見ると、公的領域は「みんなで決めるべき事柄」であり、私的領域は「みんなで決めるべき事柄ではないこと」という基準を示したうえで、公的領域と私的領域の区分を生徒に判断させている。さらにこの授業は公的領域に属する事柄を取り上げ、これらは民主主義・多数決にもとづいてクラス全体・国民全体で判断・決定されるべきであるという知識を得ても、その知識にもとづき実際の問題に対して判断・決定する訓練がなされていなければ、法教育の目的である実践的な判断力を養成することはできないと考え、その機会を提供している。さらに、この授業はいずれの実践事例においても憲法の基本的な考え方や自己の判断理由などを記述させる問題を設定している。生徒が記述した内容をクラスで話し合い、討論させるのである。こうした一連の学習過程をとおして、自身で導いた結論や判断の理由を適切な言葉や文章によって表現する力を育成しようとする意図が見られる。

③**身近な事例を用いた学習**

　第三の特徴は、生徒にとって極めて身近な事例を授業の題材として取り上げていることである。前掲の授業事例「みんなのことは誰が決める？──民主主義と法・多数決」では、遠足や文化祭など、生徒にとって身近で，情景を思い浮かべ易い事例を題材としている。また、前掲の授業事例「求人広告、何か変？──男女平等と法」では、日頃から目にすることの多い求人広告を取り上げている。しかしながら、憲法を日常生活と結び付けて学習させることは難しいようである。確かに、中学生が憲法を自分たちにとって身近なものとして意識する機会は皆無に等しい。しかしながら、前掲の授業事例のように、生徒の日常生活の中で生じ得る事例をもとに憲法の意義や考え方を学ぶことにより、憲法が私たちの日常生活と深く結び付いていることを気付かせることは可能であろう。そして、さらに理解が進めば、憲法があることで私たちの生活が守られ、豊かになっているという事実を深く理解させることができる。当然のことながら、日常生活との結び付きから得られた深い憲法理解が憲法についての知識の定着度を高めることになるのである。

④**憲法の意義や価値の理解を目指す学習**

　第四の特徴は、条文の暗記などではなく、憲法の意義や価値の理解を目指

した学習が構想されている点である。授業事例「憲法の意義」[5]では、単元目標を「日本国憲法の基本的な考え方や政治の仕組みに対する関心を高め、それを意欲的に追究させる」、「民主主義と立憲主義という現代の民主政治の基本概念を、身近で具体的な例をもとに考えさせ、基本的人権の尊重と政治の仕組みを主な内容としている憲法の意義を理解させる」とし、憲法の意義や価値についての深い理解を目指している。また、授業事例「憲法は「守る」ではなく「守らせる」？」[6]では、憲法は国民が守るものではなく、国の政治に携わる公務員や政府に守らせるものであるという立憲主義の鍵となる考え方を生徒に理解させるための教材である。

以上に示した4つの特徴からもわかるように、「憲法の意義」の学習は、法教育が目指す思考力や判断力を育てることで、生徒たちが法を主体的に利用できる資質や能力を高める内容となっている。また日常生活に密着した題材を用いることで、実際の社会生活と憲法との結び付きを経験的に理解し、憲法の意義やその機能という難しいテーマを比較的平易に学習できるよう工夫されているといえよう。

(2) 問題点と課題

法教育における「憲法の意義」の学習には、従来の憲法学習が抱える問題点を克服するためのさまざまな工夫が取り込まれており、それらがこの「憲法の意義」の学習の主たる特徴を構成していると言うこともできる。それゆえ「憲法の意義」の学習に、今後展開されるべき新たな憲法学習の姿を重ね見ることも可能であろう。しかし、この新たな憲法学習にも問題点が含まれており、それらは克服されるべき課題として示されなければならない。

①知識と思考のバランス

第一の問題点は、「憲法の意義」の学習において、生徒が憲法についての知識を習得する場面や機会が考察の対象から外されているという点である。法教育は、思考型・社会参加型という特徴を有しており、生徒が主体的に考える場面を中心に学習が展開される。こうした授業は、習得した知識の活用を通じて知識の定着を図るという意味では優れているが、他方で生徒が主体的な思考を行うにはその思考の基となる知識の習得が不可欠である。

確かに、中学生は小学校6年生の段階で一定程度の憲法に関する知識を習得していると考えられるが、それが中学校社会科公民的分野で習得すべき知識レベルに達しているとは考えられず、当然のことながら、憲法に関する新たな知識の習得が「憲法の意義」の学習の前提とされなければならない。自由権や社会権に関する基本的な条文についての知識、あるいは民主主義、国民主権、法の支配などに関する基礎的な理解がそれに当たる。そのため、思考型の学習を行う前段階として、それらの思考の基となる知識を習得するための時間を設けなければならないはずである。しかし、法教育の授業例においては、そのような時間が設けられていない。この問題は、知識習得に偏っていた従来型の憲法学習への反省から法教育が「思考」偏重の学習へと極端なかたちで行き過ぎてしまった結果と考えられる。しかし、一定程度の知識を前提としない思考型・参加型の学習はいわゆる「這い回る経験主義」という言葉が示すとおり、生徒の経験のみに依拠した発展性のない授業として展開される危険性が高い。知識を定着させ、さらに上位の知識習得へと生徒たちを向かわせるには、自らの経験や体験を統合的に把握するための基本的な知識が必要となる。その意味でも、従来の憲法学習を全面的に否定するのではなく、知識と思考のバランスやその順序・配列に注意した授業構成が検討されるべきである。

②単発的な授業実践

　第二の問題点は、授業の実践例が単発的な構成をとっており、継続性や連続性が見られないという点である。法教育は独立の授業科目として設けられたものではないため、普段の授業の合間に不定期で行われる特別な授業として準備されることが多く、イベント的な要素が強い。そのため現在、著書等のかたちで発表されている授業実践例はそのほとんどが単発的構成を採っている。しかし、憲法の意義や価値についてより深い理解を得ようとするならば、単発ではなく継続性・連続性を維持した授業を展開するのが望ましい[7]。

　法教育の授業実践が単発的な構成をとる理由としては、思考型の授業を行うための授業時数が確保されていないことなどを挙げることができるが、より根本的な理由は教師を含む教育関係者がいまだに知識習得型の授業を重視し、思考型の授業が持つ有効性を理解していないことにある。それゆえ、試

験問題を含むすべての面において、思考型の学習を継続的・連続的に行うための抜本的な改革がなされなければならない。

2 新しい憲法学習プログラム

従来の憲法学習と法教育における「憲法の意義」学習の主な特徴について、これまで検討を進めてきた。その結果、各々の学習には今後も維持すべき優れた点と改善を要する問題点とが含まれていることが明らかとなった。そこで本節では、双方の優れた特徴によって両者の問題点や課題を補い合うことのできる憲法学習理論を提示し、新しい憲法学習プログラムを構想したいと思う。

(1) 新しい憲法学習理論

新しい憲法学習の理論として、ここでは従来型の憲法学習に見られる知識習得型と法教育に見られる思考型とを相補的に組み合わせ、次の4つのプロセスから成る課題解決型学習の授業展開を提案する（図1）。

①基礎的知識を示し問題意識を喚起する

法教育が重視する思考型の学習はその前提として、基礎的知識の習得が不可欠である。例えば、「求人広告、何か変？——男女平等と法」であれば、平等権の考え方の基礎となる「法の下の平等」(14条)や「両性の本質的平等」(24条)という用語とその意味を知らなければならない。これらの条文が有する意義のより深い理解は、最終段階で習得されることになるが、この時点では少なくとも思考や判断の手掛かりとして、これらの用語や概念が必要となる。そして、これらの知識を提示する場面で歴史的・社会的事実との関係をふまえた説明を行い、生徒たちに問題意識を喚起する。ここまでが最初の段階である。

しかし、実際の授業では配当時間内に図1の①から④までのプロセスを終わらせなければならない。そのため、基礎的知識の習得段階である①は、学校で行う授業の前の家庭学習において済ませておくことが望ましい。授業時間は多くの仲間と意見交換できる貴重な時間であり、③のような班やクラ

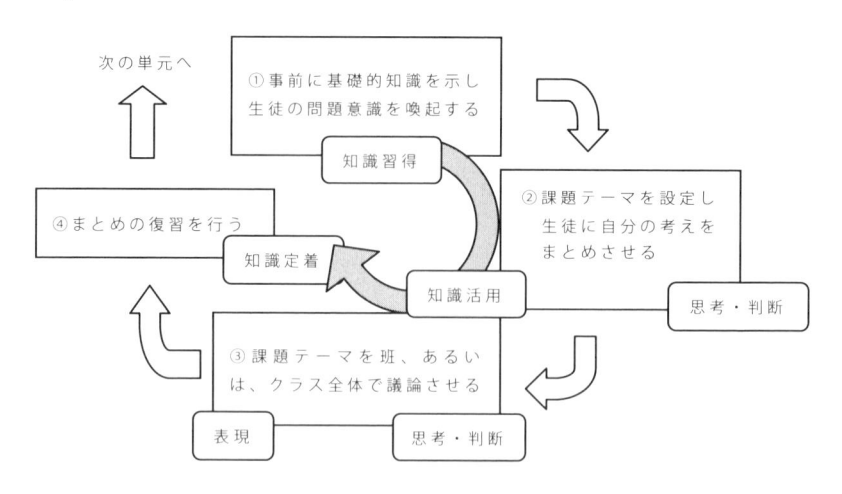

図1　新しい憲法学習理論の４つのプロセス

ス全体での議論を中心とすべきであろう。しかしながら、そのためには基礎知識の習得を目的とする家庭用学習教材の開発が必要である。
②課題テーマについて生徒自身の考えをまとめさせる
　家庭学習において習得した基礎的知識を活用し、与えられた課題テーマについて自らの考えをまとめる。ここまでが図１に示した第二段階である。前述の授業事例でいえば、求人広告において男女いずれかを不当に扱ったり、これとは逆に優遇している部分はないか、あると判断した場合、そう考える理由は何か、生徒一人ひとりが思考し、自らの意見を他の生徒にも理解できるようにまとめる。こうして第一段階で習得した基礎的知識を課題解決のために活用することで、生徒の思考力や判断力を高めることができるはずである。また、一度インプットした知識を思考の過程でアウトプットすることにより、基礎的知識の定着が促されることになると考えられる。なお、ここで設定される課題テーマは、生徒にとって身近な憲法上の問題でなければならない。
③班、あるいはクラス全体で議論させる
　第三段階は、それぞれの生徒が課題について自らの意見をまとめた後に、

班ごとに、またはクラス全体で意見を発表し合い、議論を行う。ここでは、自分自身が求人広告のどの部分を不平等であると考えたのか、またその理由は何か、他の生徒にわかるように報告する。課題解決型の授業では、発表、ディスカッション、ディベート等を取り入れることにより、表現力を高めることができる。また、互いに出し合ったいくつかの解決策の中から、最も合理的な理由にもとづく最適な解決策を判断することが判断力を高めることにもつながると考えられる。

④まとめの復習を行う

最後に、班またはクラス全体での議論をふまえて、生徒一人ひとりがわかったこと、さらに調べてみたいと思ったことなどをまとめる。また、最初に習得した知識の理解度をチェックすることも重要であろう。このような復習作業を行うことで、知識の定着を図ると同時に、各生徒が自らの知識の深まりを確認することが可能となる。

以上の4つの段階を図1に示したように、課題解決型学習を軸として組み合わせることで、知識の習得から定着へと向かう流れと思考力・判断力・表現力の向上を同時に成し遂げることが可能となろう。また、こうした授業展開を基礎とする憲法学習理論であれば、生徒に身近な憲法問題を課題テーマとして設定し得る限りにおいて、毎時間、継続的に思考型の授業を行うことができる。したがって、この憲法学習理論は従来型の憲法学習と法教育による「憲法の意義」の学習とが抱えていた課題をともに解消し得るものである。

(2) 新しい憲法学習理論にもとづく学習プログラム

ここでは、先述した新しい憲法学習理論にもとづいて、継続性と連続性とを備えた憲法学習のプログラムを作成する。なお、ここで作成するプログラムは東京書籍発行の教科書『新編　新しい社会　公民』をもとに、憲法と密接にかかわる単元について課題解決学習のテーマを設定し、配当時間[8]を考慮したうえで再構成したものである（表1・表2）。

表1 新しい憲法学習プログラム (1)

教科書の章・節			主題名	課題解決学習のテーマ（配当時間）
第2章　人間の尊厳と日本国憲法	1 個人と社会生活		家族と社会生活	未来の家庭シミュレーション (1)
			わたしたちと社会生活	マンションのルールができるまで (1)
	2 人権と日本国憲法		人権を考えよう	ちがいのちがい①② (2)
			人権の歴史	（憲法の歴史に関する知識習得型の学習）(1)
			日本国憲法の基本原理	国民主権を維持するために、なすべきこととは？ (1)
			基本的人権と個人の尊重	
			日本の平和主義	被爆国日本はどのように世界の平和に貢献すべきか？ (1)
	3 人権と共生社会		ともに生きる①②	差別をどう考えるか？自分たちに何ができるか？ (1)
			自由に生きるために	住み慣れた土地が道路建設予定地になったら？ (1)
			豊かに生きる	生活保護受給者はクーラーを設置してはいけないの？ (1)
			人権保障を確かなものに	大音量の選挙カーなどの絵を見て公共の福祉を考える (1)
			社会の発展と新しい人権	5つのイラストから人権侵害の場面を考える (1)
			国際社会と人権	（人権の国際的保障に関する知識習得型の学習）(1)
			ボランティアにチャレンジ*	特別活動の時間に行うボランティアを計画する (1)

第3章 現代の民主政治と社会	1 現代の民主政治	人々の意見を政治に生かす	地域の広報誌から地方自治体の活動を考える (1)
		民主主義とは	みんなで決めてよいこと、いけないこと (1)
		選挙の仕組みと課題	選挙ゲーム（クラス内での選挙シミュレーション）(1)
		政治参加と世論	少年犯罪をより厳しく罰するべき？（ディベート）(1)
		政党と政治	（地域選出の国会議員と所属政党に関する調べ学習）(1)
	2 国の政治の仕組み	議会民主主義と国会	（国会の組織と機能に関する知識習得型の学習）(1)
		国会のはたらき	
		行政と内閣	水質調査、病院での看護、学校での教育などのイラストから、関係する省庁が果たす役割や機能を考える (1)
		現代の行政	
		法を守る裁判所	（裁判所の仕組みや種類に関する知識習得型の学習）(1)
		裁判の種類と人権	
		三権の抑制と均衡①②	携帯電話の校内持ち込み禁止は合憲？違憲？①② (2)
		裁判傍聴*	裁判の傍聴と裁判所での裁判員制度説明 (2)
	3 地方の政治と自治	わたしたちと地方自治	（地方自治に関する知識習得型の学習）(1)
		地方分権と住民参加	
		市町村合併と地域づくり	
		まちづくりを調べる	（まちづくりに関する調べ学習①②③）(3)
		わたしたちと日本の政治	よりよい政治を実現するために何ができるか？ (1)

＊筆者が設けた独自の単元

表2 新しい憲法学習プログラム (2)

教科書の章・節			主題名	課題解決学習のテーマ（配当時間）
経済	第4章 わたしたちの暮らしと	2 市場経済と金融	働く人たちの生活向上	労働条件を交渉してみよう（1）
		3 国民生活と福祉	政府の仕事と租税	所得税の税率・税額を考える（1）
			社会保障と国民の福祉	これからの社会保障のあり方を考える（1）
			公害の防止と環境保全	環境のために私たちにできることとは？（1）
わたしたち	第5章 地球社会と	2 国際社会と世界平和	主権国家と国際社会	国家の主権を尊重するためのルールとは？（1）
			世界の平和のために	世界平和のために私たちができることとは？（1）

　表1及び表2で示したプログラムにもとづいて、中学校社会科公民的分野での憲法学習全体を、知識習得型と思考型とをバランスよく配した課題解決型学習として実践することで、憲法の意義をより深く理解するとともに、憲法に関する知識のより確実な定着という理想に近づくことができると考える。

3　授業実践の分析と憲法学習プログラムへのフィードバック

　新しい憲法学習プログラムの実践的有効性について検証を行うため、筆者は表1で提案した課題テーマ「携帯電話の校内持ち込み禁止は合憲？違憲？①②」について授業案を作成し、長野市内の中学校3年生のクラスで外部講師として実際に授業を実践した。以下では、このときの授業記録にもとづく分析結果を学習プログラムにフィードバックさせることで「新しい憲法学習」のさらなる刷新を試みる。

(1) 授業実践とその分析
　授業の対象となる生徒は、基本的人権についての学習を終え、かつ裁判所

の違憲審査制についても一定程度の学習を終えている。男女31名から成る同クラスでの授業は、2009（平成21）年7月17日の2時間目及び3時間目に連続授業として行われた。

授業では、以下の設問項目を記した学習プリントと携帯電話に関する4つの新聞記事[9]を配布し、それぞれの設問項目について下記の手順に従い、授業を展開した。

---

1. 資料1～4の新聞記事を読み、<u>小中学校で、携帯電話の校内持ち込みを原則禁止にすること</u>に対し、賛成か反対か自分の意見と、そう考える理由を書きなさい。

設問1については、生徒がそれぞれ考えた意見とその理由について発表を行った。

---

2. 「携帯の校内持込禁止」のルールに対して、他の中学校の学生から次のような意見が出されたとします。これらの意見の根拠となる憲法の条文を、教科書pp.174～177「第三章　国民の権利及び義務」の中から見つけなさい。
   (1) Aさんの意見：大人は携帯電話を会社へ持っていくことができるのに、小中学生だけ持っていっちゃだめなんて、差別だ！
   《根拠となる条文は？（例：○条〔○○○○〕）》《Aさんの意見は正しいかな？》
   (2) Bさんの意見：携帯電話は、親が働いて買ってくれた私の財産なんだから、学校に持ってくるかこないかは私の自由でしょ。
   《根拠となる条文は？》《Bさんの意見は正しいかな？》
   (3) Cさんの意見：いつでもどこでも、友達とメールや電話をしていたいんだよ。自分の意見を自由に表現するのは、権利じゃないの？
   《根拠となる条文は？》《Cさんの意見は正しいかな？》

設問2については、生徒が各班に分かれて、(1)から(3)までの主張に

ついて意見をまとめ、発表した。各班はA，B，C，それぞれの意見の根拠となる条文を探したうえで、この3人の意見が正しいか否かを考え判断し、それぞれ理由を付して発表を行った。

> 3．(1)～(3)をふまえて、小中学校で携帯電話の校内持ち込みを原則禁止とするルールが合憲か違憲か考え、自分の意見を書きなさい。

　設問3については、それぞれの班が行った発表をふまえて、「小中学校で携帯電話の校内持ち込みを原則禁止とするルール（以下、「持ち込み禁止ルール」と略記）」の合憲性について、生徒自身が最終的な判断を下しこれを発表した。

　この授業では、設問1の段階で「持ち込み禁止ルール」に反対する意見も多数出されていたが、設問2ではA，B，C，それぞれの主張に賛成する意見はほとんどなく、設問3の段階では持ち込み禁止ルールを違憲と判断した生徒はいなかった。このことは、A，B，Cの各意見を検討する過程で、「法の下の平等」(14条)、「財産権」(29条)、「表現の自由」(21条) といった人権が、教育を受ける権利などの他の人権や、他の人々の権利・利益と衝突する場合には一定の制約を受けるという人権の社会性、及び権利・利益の比較衡量という考え方に生徒たちが気付いたことを示しており、課題解決を行う過程で法的に思考し判断する能力が向上したことを裏付けるものである。

　また、「授業でわかったこと・考えたこと」を記載する欄には、「日常的なことにも憲法が深く関わっていて、とてもびっくりした」などの意見が多く書かれており、携帯電話という身近な題材を取り上げたことで、憲法が日常生活と不可分離の関係にあるという認識を生徒に持たせることができたと考えられる。さらに今回の課題解決型学習では基本的人権、公共の福祉、違憲審査制などの知識を活用して議論や発表が行われたため、すでに学習した知識の定着・深化という観点からも効果的であることが明らかとなった[10]。

(2) 憲法学習プログラムへのフィードバック

　今回の授業実践ではまた、この学習プログラムが抱えるいくつかの課題を

明らかにすることができた。第一の課題は、授業後の生徒の感想の中で「考える時間が少なかった」という意見が見受けられたことである。すなわち、生徒が自分の考えをまとめる時間や班での議論の時間を十分に取ることができなかったという問題である。次いで第二の課題は、設問2での生徒たちの解答に関するものである。この設問では、A, B, Cの意見が正しくないと考える理由を「公共の福祉に反するため」とだけ記している生徒が2～3名見受けられた。この設問への解答としては、これでも一応の正解であり、「公共の福祉」という用語が身に付いていることも評価できる。しかし、この授業で生徒に最も考えさせたかったのは、その行為がなぜ公共の福祉に反するのか、どのように他人の人権を侵害しているのかという、より具体的な問題であった。「公共の福祉に反するため」という理由は、一面的には的確だが、実は知識を完全に自分のものとするには至っていないレベルの解答であり、生徒たちへのさらなる指導や働き掛けを行う必要があったと考えられる。

　これらの課題を憲法学習プログラムへとフィードバックさせることで、実践後の省察を通じた理論の修正を行うことがここでは必要不可欠である。今回の授業実践が新たな憲法学習の理論にもとづいて行われたものであることを考えれば、理論→実践→理論→……というかたちで無限に続く往還的なフィードバックを繰り返すことで軌道修正を行い、学習理論としても授業実践としてもその精度を高めていかなければならない。

　そこで第一の課題について検討すると、生徒が考えるための時間を十分に取れなかった原因は、授業内容が適正量を超えていたことにあったと考えられる。法の下の平等、財産権、表現の自由という3つの観点を設けたため、各観点について十分に考える時間を取ることができなかったのである。確かに、生徒が事前に習得した知識については、可能な限り課題解決の中で言及したいという欲求は、知識の習得を重視する教師にとって当然のものである。しかし、せっかく確保した思考型の学習時間に知識の詰め込みをしてしまっては無意味であり、生徒が余裕を持って思考するための時間を十分に確保すべきである。したがって、新しい憲法学習プログラムでは課題解決のための思考時間を極めて大胆に設定する必要がある。

第二の課題は、「公共の福祉」のような抽象的な言葉を駆使するのではなく、実際にどのような権利・利益の衝突が見られるのか、という具体的な次元、日常的な次元での理解を重視しなければならないというものである。習得した知識を一段掘り下げて理解することなく、表面的な理解にのみ終始してしまうのであれば、それは従来の知識習得型から抜け切れていない課題解決型学習である。「公共の福祉」という便利な言葉を覚えても、記述式問題には対応できない。それゆえ、新しい憲法学習のプログラムでは従来よりも一段深い次元に思考の水準を設定しなければならないのであり、教師にはそうした思考を導くための課題設定、発問、指導等を行うことのできる高い力量が求められることになる。

おわりに

　本稿では、これまでの知識習得型の憲法学習と法教育に見られる思考型の憲法学習とを相補的に組み合わせた理論を構築し、これにもとづく授業プログラムを提示した。しかしこの授業プログラムについて、本研究では授業実践を通じた検証のみを行うにとどまり、理論的な次元での検証まで行うには至らなかった。特に思考型学習の連続性や継続性に重点を置いた本研究では、思考力や判断力の段階的な発展という視角からプログラム全体を再検討し、各授業間の関連性に留意した授業配置や学習テーマの効果的な設定等によるプログラムの体系化・精緻化を進めていく必要がある。段階的発展という新たなベクトルを導入することで、思考型学習は単に往還的な繰り返しとしての授業実践から、思考力の質的な向上を目指すスパイラル状の授業実践として再構成されるであろう。また、効果的な授業配置により、家庭学習に委ねられていた知識習得の場面を授業時間内に移行させることも考えられる。これらは次なる課題として追究されなければならない。

（付記）本稿執筆に際し、長野県長野市立篠ノ井東中学校教諭・丸山和義先生には多大なご配慮とご協力をいただきました。ここに記して厚く御礼を申し上げます。

注

1) 法務省：法教育研究会『報告書』「我が国における法教育の普及・発展を目指して――新たな時代の自由かつ公正な社会の担い手をはぐくむために」2004年11月、3頁 http://www.moj.go.jp/content/000004211.pdf
2) 憲法学習の領域を研究対象とした理由は次の3点である。第一に、従来から憲法学習は知識習得に偏っているとの批判が多く、判断力・思考力・表現力を養うための学習理論の研究が不可欠とされてきた。第二に、公民的分野においては憲法学習が法に関する学習の中でも最も大きな比重を占めており、まとまった授業時間数が当てられている。第三に、この学習領域は義務教育の最終段階である中学校3年生で扱われるものであり、義務教育終了までに習得されるべき法的要素を示すものとして重要であると考えられる。
3) 江口勇治・渥美久雄編『「法教育」Q&Aワーク 中学校編』(新指導要領ニュー教材シリーズ）明治図書出版、2008年、46-47頁
4) 江口勇治・渥美久雄編『「法教育」Q&Aワーク 中学校編』(新指導要領ニュー教材シリーズ）明治図書出版、2008年、20-21頁
5) 法教育研究会『はじめての法教育――我が国における法教育の普及・発展を目指して』ぎょうせい、2005年、98-111頁
6) 江口勇治・渥美久雄編『「法教育」Q&Aワーク 中学校編』(新指導要領ニュー教材シリーズ）明治図書出版、2008年、24-25頁
7) 法教育の継続性・連続性を重視する研究として、岡村ゆかり・関良徳「法教育における「積み重ね」授業プロセスの理論」『信州大学教育学部研究論集』第2号、2010年を参照。
8) ここでは、総授業時間数と教科書の構成から各単元に割り当てられると推定される授業時間数を配当時間とする。
9) 資料として配布した新聞記事の見出しは、資料1「携帯持込小中は原則禁止（文科省通知）」(『読売新聞』2009年1月31日）、資料2「携帯禁止 困る親」(『読売新聞』2009年1月31日）、資料3「携帯小6の17％所持 県教委調査 高3は96％」(『読売新聞』2008年12月26日）、資料4「後絶たぬ中傷・いじめ 犯罪被害きっかけにも」(読売新聞、2008年12月5日）であった。
10) 人権についての知識を問うアンケート調査を授業の前後で行った結果、31名中20名の生徒について知識の増加ないしは知識についての理解の深化が見られた。

参考文献

久保田貢「子どもたちと憲法を学びあうために」『民主主義教育21 立憲主義と法教

育』同時代社、2008年
国立教育政策研究所教育課程研究センター『平成13年度 小中学校教育課程実施状況調査報告書——中学校社会』ぎょうせい、2003年
長野県教育委員会「平成20年度 学力検査問題 社会」2008年 http://www.pref.nagano.lg.jp/kenkyoi/jouhou/gakkou/gakken/h20/syakai01.pdf。
吉田俊彦「〈点からプロセスへ〉の憲法教育に向けて——主権者教育権論争から考える憲法教育の課題」『民主主義教育21 立憲主義と法教育』同時代社、2008年

10

発展的平和教育の実践

遠藤正二郎

▎ 梗概

　筆者は以前、戦争被害・加害の学習から自ら平和を求める行動を伴う学習について考察し、「社会科・公民科における発展的平和教育の試み」として授業計画を発表した[1]。本稿は、高等学校3年（政治・経済）での授業実践を報告し、課題や反省点を検討するものである。

▎ 1　記録と記憶のあいだに

　そもそも歴史を学ぶことと、歴史を共有することはちがうことなのか。また歴史をオーラル等直接的に継承することと、テキスト・グラフィック等で間接的に継承することはちがうことなのか。さらに直接的継承と間接的継承いずれにおいても、歴史を学ぶことと歴史を共有することの意味合いは異なるのであろうか。以上の3点は歴史学と歴史教育との峻別を求められている社会科教員が常に考えることであろう。

　そこで本稿では、以上の3点につき順に授業実践と関連付け考察したい。第一点については「2. 授業のめざしたもの」、第二点については「3. 経済史・戦争史授業の展開と反省」において社会科単独の授業展開と改善すべき点を検討する。第三点については「4. 戦争解決方法の学習（講演会）の反省」において国語科との連携をふまえた生徒自身の理解深化について改善す

べき点を含めてふりかえりたい。

　筆者の勤務校は、立正精神を教育方針とした幼稚園から大学院まで有する総合学園である。1927（昭和2）年に立正裁縫女学校・立正幼稚園が創立され、終戦当時には高等女学校・高等家政学院・高等学院が設置されていた。今回、高等女学校の卒業生であると同時に高等女学校の教員であった方に戦時下の学園について講演していただく機会に恵まれた。学園史として記録の領域にある学園の通史だけでなく、オーラルを通じた女性からみた女子教育機関での（通史として遺されていない）記憶の領域にある歴史をうかがうことで生徒も感激し、成長した様子であった。

　なお周知のように、日本史分野（近現代史教育）における戦後史学習とは、アジア・太平洋戦争の終結以降、直接に戦争を行わなかった平和国家としての日本の特殊性を意味する概念であるとともに、一方で冷戦構造の中で地域紛争が引き起こされたり国家間の経済的格差が拡大された、歴史という世界的な普遍性を示す概念であり、人権の重要性が日本と世界で確認されたことを学ぶことである[2]。ひるがえって日本の近現代史は二つの歴史観があり、双方とも近代日本の歴史が戦争・敗戦に帰着した反省と疑問を考察の中心とする共通項がある。ひとつは日本社会の後進性や封建制を捉え近代日本を批判する近代主義歴史学やマルクス主義歴史学を中心とする丸山真男などのながれ[3]であり、もう一方は庶民意識から近代日本を肯定的に捉える歴史観である。言い換えれば、前者の問題意識が日本の近代化の失敗理由にあるのに対して、後者は日本の戦後高度経済成長で日本の近代化の成功理由へ問題意識が移動したものともいえる[4]。前者から後者への移行ないしは両者の融合は色川大吉の『明治精神史』や安丸良夫『日本の近代化と民衆思想』をのぞけば当時みられず、近現代史研究と教育は日本社会の後進性や封建制を中心課題にしていた。筆者は、後者の色川・安丸らの知的立場を前提に授業原案を起案していることをお断りしておきたい。

2　授業のめざしたもの

　本稿は戦争被害や加害の事実を学習することに力点をおく地歴学習の成果

をふまえ、国語との連携を図りながら平和社会の構築をめざす主体的な行動を伴う公民学習の実践である。勤務校は文教大学教育学部を中心とした文系総合学園である。幼児教育・初等教育・中等教育に携わる目標を持つ生徒が多いことが特徴である。同時に近年「付属校的進学校」への移行も教育方針のひとつとしており、勉学の可能性と多様性がみられる現状にある。

　以上の点に留意して、まず年間を通じた授業目標として、「事実としての経済史・戦争史を積極的に映像を利用して学ばせ、社会科（中学公民・高校政経）と国語科が連携することで、戦争経験の共有や平和を尊ぶ態度の育成をめざす」ことを設定した。年間の各学期の学習においては、具体的には第一に映像教材を通じて経済史・戦争史を学習し、学びの成果をドリル等で測定する。第二に社会科（中学公民・高校政経）と国語科で連携することで、戦争経験の共有や平和を尊ぶ態度の育成をめざす授業を考えている。以下で示した三段階の授業のうち、特に第三段階の戦争経験の講演と幼児教育についての講演を通して戦争の結果を学習する。この実践は平和を積極的に求めて行動する態度の育成まで深めた発展的学習でもある。

1. 原因についての学習（経済史＝戦争の因果関係理解）……**DVD で知的ゆさぶり。**
　↓
2. 事実についての学習（戦争史＝戦争のむごさ、平和の大切さを学ぶ）
　　　　　　　　　　　　　　　　　　　　……**プリント・ドリル・ワークで定着。**

経済史・戦争史学習＝毎回 50 分 2 コマ授業	評　価
前半 DVD 鑑賞　→　後半プリント学習と 10 問確認ドリル	プリント確認 ドリル素点

　↓
3. 結果についての学習（平和を積極的に求めて行動する態度の育成まで発展）
　　　　　　　　戦争講演会でゆさぶり、幼児教育講演会でとるべき行動を考えさせる。
　↓

戦争解決方法の学習＝最終授業 2 コマ（100 分＝ 50 分 ×2）	評　価
前半は講演会（高等女学校一期卒・戦中戦後本校家庭科教員） 後半は講演会（本校国語科教員・幼児教育専攻）	講演内容 メモ感想文

■ 3　経済史・戦争史授業の展開と反省

　授業の展開は全 12 回（24 コマ）であり、近現代史領域の学習を終了した。まず初回授業の第 1 回目は DVD「「映像の世紀」JAPAN」[5]を 2 コマ連続視聴しプリント学習した。目標は日本からみた近現代史のイメージ作りである。第 2 回目以降の各回は、1 コマ目に視聴したうえで 2 コマ目は 40 分プリント・5 分間ドリル学習を行った。ドリルは生徒に自主採点・反省・感想の記入作業を命じ回収して生徒の定着を測定した。担当教員からコメントをつけ返却した。

　勤務校の現状をふまえた授業の反省点として、3 点あげられる。第一は DVD 映像教材、第二は授業プリント、第三はドリルおよび評価についてそれぞれの長所と短所と思われる点をあげる。

　第一の DVD（映像の世紀）は、長所として思考におけるイメージ定着の容易さがある。短所として DVD 視聴とプリント学習の作業手順の工夫が必要である。プリント学習後に DVD を視聴すると、イメージ定着が希薄である者が多く、理解の深化が課題となり、DVD 視聴後のプリント学習では効果がある者が、後述するドリル実施で確認された。なお DVD 視聴においては上映内容の精選が容易であり、戦闘シーンや被害シーンなど公序良俗に反するシーンの扱いにも対応できる。反面、通常映像教材のダイジェストとなるので生徒の一部には、細切れ感を訴え全体の視聴を希望する者もいた（詳細は本稿末尾に掲げた「学習指導計画」を参照のこと）。

　第二の授業プリントについては、専修大学社会科研究会の平和学習教材を参考に作成した。長所として内容が精選されていることから、高校卒業段階で身に付けているべき教養の定着が容易である。空欄補充作業に加えて解説することで付属大学推薦・指定校推薦予定と一般受験予定の双方の生徒のレベルに基本的に対応できることが長所であると同時に短所となった。推薦受験予定生徒の教養としての歴史学習（いいかえれば一般学習としての歴史学習）の結果の担保として充分であるが、いわゆる大学一般受験をする生徒に対しては発展内容・受験対応学習として授業内に板書（ノート）で対応したので、一部の日本史や世界史履修者以外には講義と考査のレベル設定とターゲット

設定にさらなる工夫が必要となった。つまり近現代史を政治経済で初めて学習する母集団と、日本史・世界史履修済で二度目の学習である母集団に加えて、各々の母集団内の受験対応学習を求める小集団という4つの集団への教授目標と効果が課題となった。

　第三のドリルおよび評価として、まず指導者である教員側からみると授業理解が測定できポートフォリオとして機能した。その反面、知識・理解の観点に特化する傾向が強い一問一答型のドリルから4観点をふまえた通常授業（プリント学習）へのフィードバックや、定期考査への深化を授業内に繰り返す必要があった。また学習者である生徒からみると授業ポイントの確認が容易であったことが、生徒自身のドリル反省文から確認された。その反面、平常点に含まれたためにドリル優先になる本末転倒な生徒がみられ指導が必要で、全体的に生徒はDVD学習とプリント学習をふまえ、ドリルを通じた到達度を自己点検する段階までは実施できた。反省・感想を生徒自身が自分の言葉で記述し、教員からも一筆書くため双方にやる気が深まる傾向が授業実施を重ねるごとに感じられた。ただし、自己批判や内省の経験のない生徒には、反省記述の指導そのものが必要であった。

　なお、授業実践の成果として、以下の3点を挙げることができる。
(1) 高校政経レベルならば［経済史学習→戦争史学習→現代史学習］の前提として、まず初回に［現代史教材→戦争史教材→経済史教材］でゆさぶり可能。
(2) 具体的にゆさぶるため、「現代の衣食住と戦争の関係」や「B29ビラと報道」を実物で検討。そして戦争が絶対悪であることを映像で認識させた。
(3) 良くも悪くも現代社会は戦争のもたらしたものであることを理解させ、戦争と自分の関係を考えさせた。

4　戦争解決方法の学習と反省（講演会を聴いて）

戦争解決方法の学習は最終授業2コマにて実施し、前半の戦争経験に関

する講演会（高等女学校一期卒・戦中戦後本校家庭科教員）では、講演内容メモと感想文を評価対象とした。また後半の幼児教育の講演会（本校国語科教員・幼児教育専攻）においては、感想文を評価対象とした。

　まず1コマ目50分の講演会は「昭和20年の立正学園」を講演題目とした。講師は勤務校退職専任教員（本校高女一期卒、終戦当時教員）であり、当時を振り返ってお話いただき、授業担当の筆者が質疑応答の司会を務めた。特にいわゆる戦時経済が進展する中で、富裕層に継ぐ中流層内にさらなる中間的階層が出現し、国家総動員体制下の産業への国家資本の投資は、教育への機会付与という結果も有するといってよいとの講演者の指摘が印象的であった。生徒も当時と現在の連続性と非連続性に気づき、講演内容メモや感想文で言及している者が多かった。

　つぎに2コマ目50分は1コマ目の講演会と連続させるべく、講演内容を「平和を求め戦争を防止する姿勢をいかに子どもに定着させるか」に設定した。講師は勤務校国語科専任（幼児教育専攻）で、講演題目は「幼児教育を考える」である。「様々な経験や活動を遊びの中でまんべんなく繰り返して楽しむことで、自分の思いがあらゆる方法で表現できるようになると、周囲への思いやりやいたわりを持って生きていけるようになる。そのためには両親はもとより、子どもに関わるすべての人が子どもの成長発達を知って援助・支援していかなければならない」とする。また幼稚園で身に付ける「生活面」「社会面」「運動面」「言語面」「音楽・絵画面」「自然面」の中でも社会面とは「社会的な生活習慣が身に付いていく、様々な社会事象に関心を持つこと」であり、「あいさつ、マナー、助け合う（協調性）、相手を思いやる（いたわり・やさしさ）」ことでもある。さらに「生活面・社会面など人間として身に付け学ぶべきことは、すべて遊びの中にふくまれており、遊びを通じて必要なことを学習していくことになる」との講演者の指摘に感じ入る生徒が多かった。

　全体の総括として、まず戦争の事実学習と戦争を防止する行動学習の連続・連携の徹底があげられる。前者の戦争の事実学習は受験との兼ね合いも含め、授業内定着が前提条件であると同時に定着確認も時間内ドリル、テスト前の課題ワークでの確実な実施を心がけた。結果として学習者である生徒

と指導者である教員双方のポートフォリオ化の徹底ができた。改善点として後者の戦争を防止する行動学習では、作文・感想文・講演会等の学習への興味と関心が二局分離する傾向の改良が課題である。講演会に限定しても、特に関心が高いのは教員志望（幼児教育・初等教育）に限定される傾向にある。その一方で、問題行動の多い生徒が自己の行動原因が自分の幼児体験と自覚するという事例もあった。

今後の課題——結びに代えて

今後の課題として戦争知識から平和希求行動へのさらなる他教科・多教科連帯による発展がある。新カリキュラム（および移行措置）での地域学習や情報処理・情報発信学習の徹底というマクロ面と、中等教育一貫校の存在を視野にいれた勤務校の「教育学部付属中学校・高等学校」の性格の深化も重要な条件と思われる。

具体的に該当教科と社会科他領域（並びに該当教科と国語等の他教科連携）における学際的・水平的連携と学年・学校を貫く垂直的連携が課題であろう。

注

1)「社会科・公民科における発展的平和教育の試み——戦争被害・加害の学習から自ら平和を求める行動を伴う学習へ」蔭山雅博編著『社会認識の授業研究——これからの社会科・地歴科・公民科を考える』雄山社、2009年、37-53頁
2) 土屋武志「戦後学習」日本社会科教育学会編『社会科教育事典』ぎょうせい、2001年、150頁
3) 戦後思想において近代主義とは何かの定義を安丸良夫の理論に依拠してまとめれば、「戦後思想－（正統派マルクス主義＋政治的急進主義）＝現代思想（近代主義的市民社会論）」となる（安丸良夫「現代の思想状況」岩波書店編『日本通史』第21巻現代2、319頁）。
4) 村井淳志「「近現代史教育」の日本」社会科教育学会編『社会科教育事典』ぎょうせい、2001年、148頁
5) NHKスペシャル「映像の世紀」第11集 JAPAN、2005年

文教大学付属高等学校第3学年：
高等学校公民科（政治経済）学習指導計画

1. 単元「21世紀の日本の役割とは何か」
2. 単元の目標

　国際紛争や戦争はなぜ発生するのか、それを防ぐにはどのようなことが必要かという観点から、人類が平和的に共存していくことの必要性について考察できるようにする。

3. 単元の指導計画
   - (1)「国際紛争はなぜ発生するのか」………8時間
   - (2)「国際紛争や戦争を防ぐには」…………6時間
   - (3)「人類が平和的に共存してくこと」……2時間
4. 指導計画の具体的内容

時	学習テーマ・学習活動	指導上の留意点	資料等
1 ｜ 8	「国際紛争はなぜ発生するのか」 （日清・日露・一次・二次） ① NHK映像の世紀から、戦争原因である経済史上の転換点を映像教材プリント教材に自分の言葉でレポートさせる。【関心・意欲】 ②上記レポートをもとに戦争の原因や矛盾について、起承転結がある感想文を完成させる。【技能・表現】 ③映像学習の各時代を10項目プリント教材で学習。10問の一問一答ドリル。【知識・理解】	①既に学習している歴史分野の知識を映像で再確認する。歴史の転換となる場面を精選し、字幕・ナレーションその他を自分の言葉で各項目を2行程度レポートさせる。 ②歴史上の矛盾（科学と戦争、資本主義と貧困等）の指摘・選択・克服法の3点を記述させる。 ③10項目に内容精選して映像用とは別にインプット用知識プリントとアウトプット用ドリルで定着させる。	映像教材（映像の20世紀第1-4集）プリント教材（映像学習として感想文アドバイス、実物のB29空襲ビラ、戦時下の新聞） （10項目学習用としてプリント・ドリル） 教科書（清水書院）

10. 発展的平和教育の実践

1〜6	「国際戦争や紛争を防ぐには」 （冷戦構造・チャップリン） ① NHK映像の世紀から気が付いたことを映像教材プリント教材に自分の言葉でレポートさせる。【関心・意欲】 ② 上記レポートをもとに戦争の原因や矛盾について、起承転結がある感想文を完成させる。【技能・表現】 ③ 映像学習の各時代を10項目プリント教材で学習。10問の一問一答ドリル。【知識・理解】	① 国家間対立や民族紛争がある一方で、平和共存と協調のもとに利害が調整されたことを当該映像から確認する。字幕・ナレーションその他を自分の言葉で各項目を2行程度レポートさせる。 ② 国際的相互依存関係の深まりの中で平和的共存を目指してきたことの事実認識・継承義務の自覚・継承法の3点を記述させる。 ③ 10項目に内容精選して映像用とは別にインプット用知識プリントとアウトプット用ドリルで定着させる。	映像教材（映像の20世紀第5-8集）（映画モダンタイムス）（映画独裁者） プリント教材（感想文アドバイス）（10項目学習用としてプリント・ドリル） 教科書（清水書院）
2	「人類が平和的に共存してくこと」 ① 卒業生の講演会戦時下の生徒・学園・地域の様子について自分の言葉で事前配布した講演用教材にレポートする。【関心・意欲】 ② 幼児教育の講演会「三つ子の魂百まで」の言葉通りに友好・円満・平和は心が維持・継承することを様々なケース紹介から学ぶ。事前配布した講演用教材にレポートする。 ③ 上記レポートをもとに戦争の原因や矛盾について、起承転結がある感想文を完成させる。【思考・判断】	① 不当な圧力に脅かされないこと、地球上から飢餓や貧困を解消していくように全力をあげることなどについての認識を深めさせるため、以下に注意する。 ・学園の歴史を共有することで学園の一員としての自覚を深めさせる。 ・学園と地域の歴史を学ぶことで自らも地域の一員であることを再確認させる。 ・学園や自宅それぞれの地域に参加し、有形・無形の資産を維持・継承する態度を育てる。 ② 対立や紛争の解決には相互理解が不可欠であり、幼少時からの心のケアが大切であることを自覚させるために以下注意する。 ・幼児教育のケース紹介から心のケアが安全・安心な社会をつくることを家庭科・保健体育・現代社会の学習に加えて再確認させる。	プリント教材（卒業生講演）（幼児教育講演）（講演会感想）

| | ・生徒自身の生育の記憶と、将来への希望・決意を記述させる。
③卒業生ならびに幼児教育講演から共同体の一員として利害調整や平和的共存の事実認識・継承義務の自覚・継承法の3点を全体の感想文として記述させる。 | |

5. 評価
   (1) 「国際紛争はなぜ発生するのか」(日清・日露・一次・二次)の各戦争の学習で次のことができたか。
   - 映像教材を通じて、紛争や戦争の原因である経済史上の転換点に気づき自分の言葉で2行程度レポートできたか【関心・意欲】
   - 各戦争の原因や歴史上の矛盾(科学と戦争、資本主義と貧困等)の指摘・選択・克服法の3点を模索した起承転結がある感想文を自分の言葉で記述できたか。【技能・表現】
   - 映像学習の各時代10項目プリント教材での学習が10問の一問一答ドリルで定着したか。【知識・理解】
   (2) 「国際戦争や紛争を防ぐには」(冷戦構造・チャップリン)の学習で次のことができたか。
   - 国家間対立や民族紛争がある一方、平和共存と協調のもとに利害が調整されたことを当該映像から確認できたか。字幕・ナレーションその他を自分の言葉で2行程度レポートできたか。【関心・意欲】
   - 国際的相互依存関係の深まりの中で平和的共存を目指してきたことの事実認識・継承義務の自覚・継承法の3点が記述できたか。【技能・表現】
   - 映像学習の各時代10項目プリント教材での学習が10問の一問一答ドリルで定着したか。【知識・理解】
   (3) 「人類が平和的に共存してくこと」の学習で、卒業生ならびに幼児教育講演から共同体の一員として以下の平和共存の自覚の深化ができたか。
   - 学園の歴史を共有し学園・地域の一員であることを再確認するととも

に、学園や自宅それぞれの地域に参加し、有形・無形の資産を維持・継承する態度が育ったか。【関心・意欲】
・家庭科・保健体育・現代社会の学習に加え幼児教育のケース紹介から心のケアが安全・安心な社会をつくることを再確認し、生徒自身の生育の記憶と、将来への希望・決意を記述できたか。【技能・表現】
・卒業生ならびに幼児教育講演から共同体の一員として利害調整や平和的共存の事実認識・継承義務の自覚・継承法の3点を全体の感想文として記述できたか。【思考・判断】

11

社会科としての授業力とは何か？
主体的な学びの実践を通して

宮崎三喜男

はじめに

　2009（平成21）年3月に、文部科学省は高等学校学習指導要領の改訂を告示した。各高等学校には、2013年度からの完全実施を前にその趣旨をふまえた教育活動の展開について検討することが求められた。新しい高等学校学習指導要領では、基礎的・基本的な知識・技能を確実に定着させ、これらを活用して課題を解決するために必要な思考力・判断力・表現力その他の能力を育み、主体的に学習に取り組む態度を養うことに努めることとしている。また「人間としての在り方生き方」教育がよりいっそう重視されるようになり、公民科は教科としてその中核的な役割を担うことになった。

　今まで公民科各科目の授業では基礎的・基本的な知識、概念や理論を、教員の口頭での説明によってのみ生徒に理解させようとする講義型の授業が多く見られ、それらの知識、概念や理論について生徒が理解を深め、身に付けるような授業とはなっていなかったといえる。そのため、既習事項を活用して課題を探究する学習の時間を設定しても、生徒は興味・関心をもつ時事的事象についてのフリートークを交わすことに終始するなど、学習した知識、概念や理論を活用して考えたり、表現したりする能力が十分に身に付いているとはいえない現状が見られた。

　それでは知識基盤社会といわれる今後の社会では、どのような社会科の授

業が求められているのであろうか。今回、東京都の公民科教諭によって研究・検証を重ねてきた「公民科としての授業力とは」とともに、「主体的な学び」という観点から考察していきたいと思う。

1　授業力とは何か?

　「いい授業をしたい」。この欲求はすべての教師に共通することであろう。では「いい授業」とは、どのような授業なのであろうか？　この答えを求め、多くの教師は日々、努力をし続けていることと思われる。「楽しい授業」「わかりやすい授業」「役に立つ授業」どれも正解であろうし、また唯一の答えは今後も見つからないであろう。しかしながら、「授業」というものを今一度、冷静に見つめなおし分析・整理してみると、「いい授業」のヒントが見えてくる。そこで「授業力」という観点から、以下のような分類を提示したい。

(1) 東京都教育委員会が考える授業力の6要素

　東京都教育委員会では、教員の資質・能力のうち、特に実際の授業の場面において具体的に発揮されるものを「授業力」と捉え、その構成要素を下の6つに整理している。

(2) 公民科としての授業力とは？

　東京都教育委員会が定義した「授業力の6要素」をふまえ、筆者は東京都の公民科教員の有志とともに「公民科としての授業力とは何であろうか」ということに関して研究・考察を行い、以下の8点を提示した。

1　ねらいの明確化
　①「公民的資質の育成」につながる「ねらい」を設定する
　②授業者自身の「ねらい」を考え、明確にする
2　授業全体の企画力　※授業の8割は事前の準備で決まる
　①ねらいに沿った授業展開を構成する（授業の「仕掛け」を最低2つ用意する）
　②解説の内容を吟味する

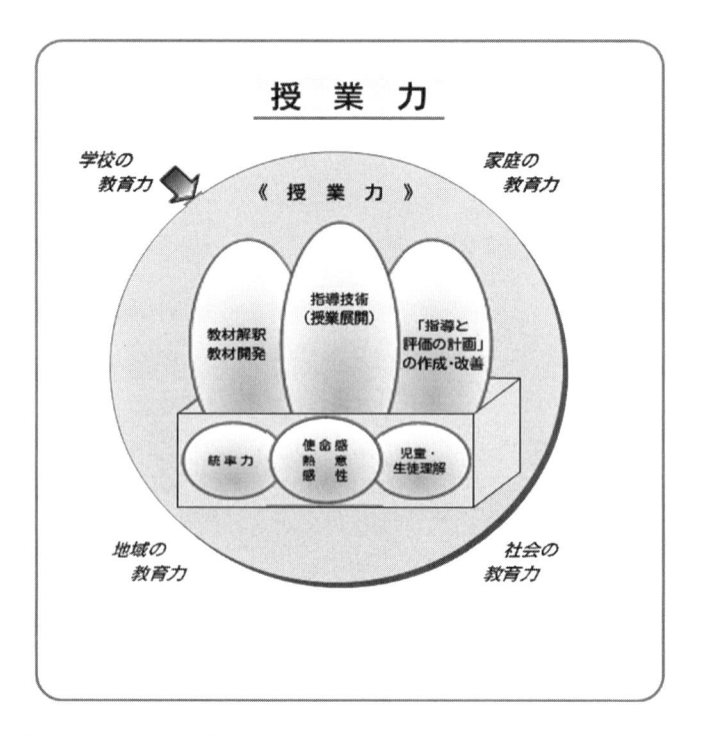

「東京都公立学校の「授業力」向上に関する検討委員会報告書」より作成

　　③教材・教具の創意、利用法を工夫する
　　④社会事象（時事問題）を活用する
3　評価の仕方
　　①評価の基準と評価の仕方を事前に生徒に示しておく
　　②授業内容と定期考査などの出題内容との関連性を明確にする
　　③「生徒の活動」の評価の方法・基準を明確にする
4　導入の重要性の認識
　　①最初のつかみが重要、生徒を注目させるアイディアを常日頃から考える
　　②毎日のニュースなど、多種多様な資料にあたり、授業に活かす方法を模索する
　　③複数の授業スタイルを修得する

5 教科の専門性
　①学問的な知識体系の深さ、周辺知識の広さを身に付ける
　②具体的で、分かりやすく解説する技術・話術を身に付ける
　③教材・資料の効果的な利用法を検討する
　④基礎知識と現実の課題や歴史事象との関連を見抜く能力をみがき、専門性を活かした見方を展開する技術を身に付ける
6 生徒の活動を促す工夫
　①発問の仕方を工夫し修得する（質問の明確さ、ヒントの提供、質問の手順、反応の活かし方など）
　②発言や発表、記述などを通して、学習内容を活かせる場所を重視する
　③グループ学習を活用する
7 事後学習につながる展開
　①効果的で、後から復習しやすい板書を行う
　②プリント・資料などを生徒が使いやすい形で提供する
　③新聞やニュース、図版などさまざまな資料をみる機会を意図的に提示する
8 授業の自己評価
　①自分の授業について、授業の吟味・見直しを常に行う（自分の授業スタイルを検証するとともに、生徒の実態に沿った授業を展開できているかを常に確認する）
　②他者からの評価を積極的に求める

2 「主体的な学び」の重要性について

　次に対象となる生徒の実態を考えてみたい。授業の根底にあるものは生徒と教師との信頼関係であり、生徒の実態を教師側が見間違えればいい授業はとうてい望めない。そこで授業対象者である生徒が、どの立ち位置にいるかを確認しなければならない。神奈川県立平塚農業高等学校の金子幹夫統括教諭は、図1のように生徒を、図2のように授業方法を分類している。そこでは、例えば関心・意欲という観点で捉えた場合にBやCに該当する生徒

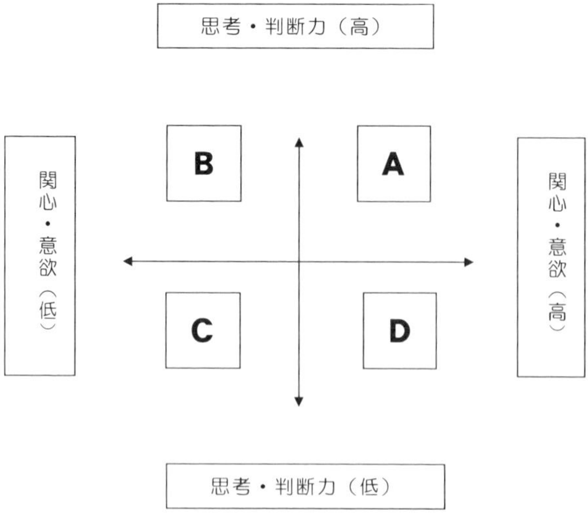

思考・判断力（高）

B　　A

関心・意欲（低）　　←→　　関心・意欲（高）

C　　D

思考・判断力（低）

図1

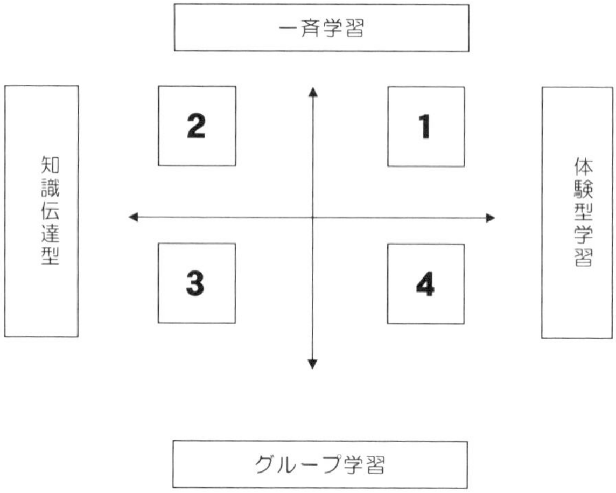

一斉学習

2　　1

知識伝達型　　←→　　体験型学習

3　　4

グループ学習

図2

をAやDのゾーンに持っていく授業と、思考力・判断力という観点で捉えた場合にCやDに該当する生徒をAやBのゾーンに持っていく授業とでは、授業の構成の仕方が大きく異なるということを指摘している。また授業方法もいわゆる講義型が有効であったり、グループ学習が有効であったりと、対象である生徒、また授業のねらいによって使い分けていく必要があるといえよう。このような前提をふまえ、どのような授業が社会科では求められているのであろうか。筆者は、ここに積極的に「主体的な学び」を取り入れることを提案したい。そもそも「幼稚園、小学校、中学校、高等学校及び特別支援学校の学習指導要領等の改善について」(2008年1月25日、中央教育審議会答申)では中学校社会科、高等学校地理歴史科及び公民科の「改善の基本方針」を示すに当たってふまえるべき「課題」として、「基礎的・基本的な知識、概念が十分に身に付いていない状況」や、「知識・技能を活用することの重要性」について指摘し、その課題をふまえて高等学校公民科各科目では、「よりよい社会の形成に自ら参画していく資質や能力を育成するため、各科目の専門的な知識、概念や理論（中略）などについて理解させるとともに、それを手掛かりに各科目の特質に応じて取り上げた諸課題を考察させる」ために、課題を追究させる学習をいっそう重視することとしている。しかしながら今までの現状を振り返ると、公民科各科目の授業では、基礎的・基本的な知識、概念や理論を教員の説明によって生徒に身に付けさせようとする講義型の授業が長く重視されており、課題追究的な学習は授業で十分に活用されているとは言い難かった。それゆえ、新しい学習指導要領では課題を追究・探究する活動をいっそう重視することとなったのであるが、課題探究的な学習活動の第一歩として「主体的な学び」が有効な手段であるといえよう。

筆者は2003（平成15）年度の入都以来、生徒による主体的な学びを取り入れた授業展開を継続してきた。その理由は、第一に公民科の学習をとおして、①基礎的・基本的な知識の充実、②思考力や判断力の涵養、③学び方の習得、の3点が非常に必要であると教育実習や非常勤講師時代に痛感したこと、第二に1999（平成11）年に告示された学習指導要領においても、知識注入型授業だけに偏った指導ではなく、生徒による主体的な学びを取り入れた授業の重要性が示されていること、そして第三に何よりも生徒自身が授業に興

味・関心を持ち積極的に授業に取り組む姿勢が見られ、授業に活気が出てくるからである。

3 「主体的な学び」とは

それではなぜ「主体的な学び」が重要視されるのであろうか。元都立国立高等学校の小原孝久氏は以下の4つの視点から考察している。
① 生徒が生き生きとする
　「主体的な学び」を取り入れた授業では、生徒が授業に興味関心を示し、授業の中で生き生きとした姿を見せる。スピーチ、討論、ディベート、グループワークなど生徒自身の活動が求められる授業では、当たり前ではあるが生徒は受身ではなく、生き生きと活動するのである。
② 生徒の目が社会へ向く
　生徒自身が主体的に授業に関わっていくことで、より社会のことを身近に感じたり、社会のことを考えるきっかけとなる。結局、子どもたち自身が考える機会がないと、社会のことを自ら考えていく力（社会の目）が育まれないのではないかと考える。
③ 「多面的な見方」「客観的な見方」が身に付く、考えることの大切さに気づく
　仲間と話し合い考えるという授業形式の中で、「多面的な見方」や「客観的な見方」が身に付くのではないか。またそのような授業形式を通して、自分自身の意見を持つことが求められ、生徒たち自身が考えることの大切さに気づいていく。
④ 教師の活性化
　さらにこのような「主体的な学び」を取り入れた授業を創造していけば、教師自身が活性化されるという側面がある。このような形の授業の実現のためには、教師側にさまざまな工夫や努力が求められている。その過程を通して、また教師自身も活性化されるように感じる。

4 実践事例から

　では、実際に「主体的な学び」の授業の一例を提示したいと思う。皆さんは累進課税制度（経済分野：財政の単元）をどのように教えるであろうか。次の授業プリントを見ていただきたい。以下のような前提のもとで、ワーク1からワーク3をグループにて実施してみよう。

> このクラスを「専大王国」と名付けます。皆さんは専大王国の国民です。さて今度、税金で橋を作ることになりました。橋を作るのには、180万円かかります。では、橋を作るために、税金をどうやって集めたらいいのか、考えましょう。

　ワーク1の場合、各グループの収入が100万円と均一であるため、「公平に集めたい」という指示から、合計金額180万円を6グループで割り、生徒たちは各グループ30万円を納税すると答えることが推測される。
　その次に国民の収入が異なるワーク2を実施してみた場合はどうであろうか。ワーク1の考えを適用すれば、各グループ30万円の納税が課される。しかしながら6班は税金のほうが収入より高いことになってしまい、30万円を払うことができなくなる。そこで不足している税金をどこで補うかを指示し議論を行わせる。この場合、6班の足りない10万円を一番収入の高い1班が全額補填することや、10万円を残りの5班で割り、2万5千円ずつ補填するなどいくつかの案が考えられる。もちろん5班は税金を払ってしまえば残りが0円になってしまい、さらなる追徴は無理であるどころか、収入のすべてを税金に回すことの是非も議論となることであろう。
　そして最後に別プリントにしたワーク3を行う。ワーク3はワーク2と収入が同じでありながら、生活をするのに最低20万円が必要であるという新たな前提条件が指示されており、さらに議論が深まるであろう。
　「主体的な学び」は唯一の正解を教える授業なのではなく、なぜそのような答えになるのかというプロセスを体感できる学習方法である。累進課税制度は教科書的に書くのであれば「所得の再分配」である。しかしながらその

政治・経済プリント

3年　　組　　番　名前

累進課税制度

このクラスを「専大王国」と名づけます。皆さんは専大王国の国民です。さて今度、税金で橋を作ることになりました。橋を作るのには、180万円かかります。では、橋を作るために、税金をどうやって集めたらいいのか、考えましょう。

ワーク1

すべての国民の収入は100万円です。なるべく「公平に集めたい」と思います。さて、いくらずつ集めればいいでしょうか？

	収入		税金	残り
1班	1,000,000円	メモとして使用	300,000円	例えばの数値
2班	1,000,000円		300,000円	
3班	1,000,000円		300,000円	
4班	1,000,000円		300,000円	
5班	1,000,000円		300,000円	
6班	1,000,000円		300,000円	
合計	6,000,000円		1,800,000円	

ワーク2

では、国民の収入が違ったら、どうでしょうか？やはり、なるべく「公平に集めたい」と思います。さて、いくらずつ集めますか？

	収入		税金	残り
1班	2,500,000円	メモとして使用		
2班	1,500,000円			
3班	1,000,000円			
4班	500,000円			
5班	300,000円			
6班	200,000円			
合計	6,000,000円		1,800,000円	

※実は、この専大王国で生活していくのには、最低20万円必要です。どうでしょう、どの国民も生活できそうですか？

ワーク3
　では、他に何かいい集め方がないか、考えてみよう。

	収入		税金	残り（≧20万円）
	2,500,000円	メ		
	1,500,000円	モ		
	1,000,000円	と		
	500,000円	し		
	300,000円	て		
	200,000円	使用		
合計	6,000,000円		1,800,000円	

ノート

例）・公平な税とは何だろう
　　・累進課税制度の問題点とは
　　・累進課税制度と逆進課税について
　　・「豊かさを分かち合う社会」とは　　　など

今日の授業の感想を書こう

ことを説明だけで、どの程度生徒に理解させることができるであろうか。このような「主体的な学び」を体験することで、累進課税制度の意義やあり方、またそのことだけにとどまらず、税制・財政のあり方、または「豊かさを分かち合う社会」について考えさせることができるであろう。

もちろん講義型の授業が「悪」と位置付けているわけではない。この累進課税制度の授業も細かな補足説明は必要であり、筆者もいわゆる知識的な授業も当然ながら組み入れている。しかし、この「主体的な学び」を取り入れることで授業が活性化するといった生徒の学習意欲の向上だけでなく、生徒が累進課税制度についてより「理解した」ことにつながることは言うまでもない。

おわりに

生徒の「主体的な学び」は、一見生徒が遊んでいるように見えるだけに、授業者としては勇気がいる試みである。一斉授業形式で知識注入型の展開をし、定期考査で生徒の知識量をはかり評価し評定する方が、見栄えもするし、苦労も少ないし、生徒も保護者も「勉強した」という気分になれるだろう。しかし現代社会の変化によって、生徒は自ら進んで学ぶ力をつけさせることを求められるようになった。頭の教養があっても論戦に負けては元も子もない。手札が悪くてもそこそこ勝てるカードの切り方が必要とされるようになった。戦略として勝つために戦術としては負けてもよいことがわからないと国際社会で生き残れない。今は「みんなと同じ」が求められるのではなく「みんなと違ってあなたは何ができるの」と尋ねられる時代だ。そうした現実を見たとき、生徒による「主体的な学び」の有効性を筆者は強く感じている。

教育の基本は授業であり、その授業を担う教師の責任は大である。「主体的な学び」は、その責任に答えるべく一つの答えである。その他にも多くの教育的意義のある取り組みが存在するであろう。われわれ教師は常に「授業力」の向上のために、切磋琢磨し努力を惜しんではならないと考える。

謝　辞——結びに代えて

　ようやく華甲紀念論文集『公民科・地歴科・社会科の実践研究——21世紀日本の社会認識教育を考える』ができあがりました。貴重な時間を論攷執筆のために割いてくださった皆様のご厚意に対し衷心より御礼申し上げます。とりわけ、同僚であり畏友である編著者の矢吹芳洋先生、執筆者の中核にあって論攷をとりまとめてくださった坂詰智美さんには御礼の言葉が見つかりません。ただただご厚情に感謝するばかりです。

　ところで、この４月１日、私は齢六十三を数えます。また専修大学の教壇に立って33年目の春を迎えます。月並みですが月日の経つのは早いものです。厖大な時間はさることながらこれに労力が費やされて今日の私が在るにもかかわらず、己の人間社会に対する重みのなさを感ずるようになりました。一体私は何をしてきたのであろうかと。回顧すればするほど無力感に苛まれています。

　「そんなこっちゃあ、だめだな（おまえさんは）！」とは昨秋に逝去した父の口癖なのですが、近頃この言葉が脳裏をかすめます。父はこの言葉に何を託して私に語りかけていたのでしょうか。私はこう思うことにしました。己のできる範囲内の仕事に全力で立ち向かうこと、やり遂げること、これで社会的貢献は十分に果たされていると。もとより、こう思うことに納得をしているわけではありません。しかしながら、年齢を加味して考えれば、私の思いは誤っていないように思われます。具体的に言えば、少数ではあっても毎年教え子を教育界に送り出す仕事に全力をあげて取り組むこと、子どもや保護者などから信頼される教師となり、やがて大輪を咲かせることになる小粒の種を教育界に蒔くこと、これが私の、いや我々の使命であると考えることにしたのです。本書をご覧ください。矢吹芳洋先生と私を除く９名の執筆者は、今や斯界では押しも押されもしない立派な中堅教師であり、彼らの実践に関する論攷も力作揃いです。長い歴史を有する専修大学教育学会社会科

研究会を磁場にして、若く逞しい教師、信頼され且つ時代の変化に対応できる教師を同僚や教え子とともに養成し、教育界に送り出したいと考えています。

　最後になりましたが、本書の企画、編集、刊行に到るすべての作業に携わって頂いた六花出版の皆様、とりわけ代表取締役の山本有紀乃さん、ならびに大野康彦氏には衷心より御礼を申し上げます。

蔭山雅博

執筆者紹介

矢吹芳洋 ──────────────────────────── はしがき・第1章
専修大学経済学部　教授
『新解説・子どもの権利条約』（共著）日本評論社、2000年／『統合教育へ一歩踏み出す──条約・規則・宣言を使って』（共著）現代書館、2000年／「自治体における子どもの意見表明権及び参加保障の仕組と課題」『専修大学人文科学研究所月報』第263号、2013年

蔭山雅博 ──────────────────────────── 第2章・謝辞
専修大学商学部　教授
『近代日本のアジア教育認識』全22巻（共著）龍渓書舎、2004年／『社会認識の授業研究──これからの社会科・地歴科・公民科を考える』（編著）雄山社、2009年／『清末日本教習与中国教育近代化』雄山社、2011年

種藤　博 ──────────────────────────── 第3章
東京都墨田区立本所中学校　教諭
『「平和学習」教材の研究』（共著）専修大学出版局、2002年／「貿易ゲームを取り入れた「地理・公民学習」の試み」蔭山雅博編『社会認識の授業研究──これからの社会科・地歴科・公民科を考える』（共著）雄山社、2009年／館潤二編著『中学校社会科重要学習事項100の指導事典』（共著）明治図書出版、2013年

武藤智彦 ──────────────────────────── 第4章
東京都立山崎高等学校　教諭
「高等学校世界史における『考えさせる』授業について──定時制高校での実践例を中心に」『専修総合科学研究』第19号、専修大学緑鳳学会、2011年

杉山比呂之 ──────────────────────────── 第5章
専修大学附属高等学校　教諭
「授業実践・沖縄修学旅行前『沖縄ウィーク』──地理、日本史、政治・経済の連携」専修大学附属高等学校編『専修大学附属高等学校紀要』第30号、2009年

奥住　淳 ──────────────────────────── 第6章
千葉県芝山町立芝山古墳・はにわ博物館　学芸員
『芝山町史 通史編 下』（分担執筆）芝山町史編さん委員会、2006年／「博物館・郷土資料館を活用した歴史地理学習の探究」蔭山雅博編『社会認識の授業研究──これからの社会科・地歴科・公民科を考える』（共著）雄山社、2009年／企画展図録『しばやま鉄道ものがたり』芝山町立芝山古墳・はにわ博物館、2013年

坂詰智美 ――― 第7章

専修大学法学部 専任講師

「会津藩における行刑の取り計らい――『家世実記』・天保期史料「簡易之取計」から見る博奕取締を題材として」藩法研究会編『大名権力の法と裁判』創文社、2007年／「「戦争体験者から話を聞く」授業実践の試み」蔭山雅博編『社会認識の授業研究――これからの社会科・地歴科・公民科を考える』雄山社、2009年／「「法」に関わった西村兼文――「勧解」書類と『京都府違式註違条例図解 全』」青木美智男・森謙二編『三くだり半の世界とその周縁』日本経済評論社、2012年

関口祐美子 ――― 第8章

日本橋女学館中学校・高等学校 講師

「キャリア教育の可能性」専修大学教育学研究室編『教育論集』第2号、2007年

岡部麻衣子 ――― 第9章

東京都江戸川区立小岩小学校 教諭

「法教育に関する考察」専修大学教育学研究室編『教育論集』第3号、2008年

遠藤正二郎 ――― 第10章

文教大学付属中学・高等学校 講師

「国際化時代における外国人教育と日本国憲法」上・下 『専修法研論集』第23号（1998年）、第24号（1999年）／「社会科・公民科における発展的平和教育の試み」蔭山雅博編『社会認識の授業研究――これからの社会科・地歴科・公民科を考える』雄山社、2009年

宮崎三喜男 ――― 第11章

東京都立国際高等学校 主任教諭

『即応！センター試験 倫理・政経 実戦問題集』（共著）清水書院、2011年／高等学校公民科教科書『現代社会』（共著）山川出版、2012年／全国公民科教育研究会授業研究委員会編『高等学校公民科 とっておき授業LIVE集』（共著）清水書院、2013年

公民科・地歴科・社会科の実践研究
21世紀日本の社会認識教育を考える

2014年3月25日　初版第1刷　発行
定価(本体1,500円+税)

編著者……矢吹芳洋

発行者……山本有紀乃

発行所……六花出版
〒101-0051 東京都千代田区神田神保町1-42
TEL 03-3293-8787　FAX 03-3293-8788

組　版……冬弓舎

装　幀……内浦　亨

印刷・製本所……モリモト印刷

©2014　Yoshihiro Yabuki
Printed in Japan
ISBN978-4-905421-56-6